道徳科
初めての授業づくり

ねらいの8類型による分析と探究

吉田　誠・木原一彰　編著

大学教育出版

はじめに

　本書は，教員を目指す大学生と若手教員を主な対象に，大学の道徳教育の授業，初任者研修等に使えるテキストとして執筆しました。一般に道徳の授業については，そもそも小中学校で授業を受けた記憶がなかったり，あるいは記憶はあっても読み物資料を読んで発問に答えたり，話し合ったりするイメージしかないために授業づくりを難しいと感じる学生が多く見られます。しかも大学では通常，道徳教育について15回の講義しか受けず，教育実習でもほとんど授業をしないままに，教員として教壇に立つことになるのが現状です。

　教壇に立ってからも，道徳科には他の教科に比べると授業準備にあまり時間を割くことができず，教師用指導書の学習指導案をそのまま使って授業をすることになりがちで，「授業に対する子どもたちの反応が悪い」「授業に手ごたえを感じられない」と思っても，どう改善すればよいかさえわからなくなりがちです。

　これでは道徳科の授業を単なるお説教の時間や学級会と同様の話し合いの時間にしてしまったり，あるいは「道徳授業の達人」と呼ばれる方々の方法をそのメリット・デメリットを理解しないままに真似てみたりすることになり，何年経っても授業づくりの力が身に付かないということにもなりかねません。

　このような事態を避けるため，本書では道徳の授業方法をねらいに従って8種類に類型化し，それぞれの方法のメリット・デメリットを示しています。そして，子どもたちの実態と到達して欲しい姿を基に，どのような発問や学習活動を展開すればねらいを達成できそうか，また，どうすれば授業を改善できるかを明確に示すことを目指しました。そのため，大学の研究者と道徳授業の改善に取り組み続けているベテラン教員が開発した教材分析，指導案作り，授業や評価の方法を豊富な実例に基づいて段階的にわかりやすく解説しています。本書を参考に教材分析，指導案作り，授業実践と改善に取り組むことで，読者が授業づくりの力を身に付けながら自分の授業スタイルを確立し，改善し続け

ていくことができるようになっています。

　本書の執筆者の方々の道徳授業に取り組んできた年数や問題意識，授業のスタイルは，それぞれ異なっていますが，自分の方法やスタイルを完成したものとは捉えておらず，常に探究を続けている点で共通しています。筆者が本書の共編著者である木原一彰先生と初めて出会ったのは2012年の日本道徳教育学会大会でした。木原先生は「世界の医聖　野口英世」と題する公開授業で従来の偉人伝を使った道徳授業の枠組みを超えた新しい提案をされました。筆者は，野口英世の不撓不屈な生き方を手掛かりに，子どもたち一人ひとりがそれぞれに不撓不屈に対するこだわりを見いだすとともに，他の子どもたちからも学べる素晴らしい授業だと感じましたが，授業後の質疑応答では木原先生の授業提案に対して否定的な意見が多数出されました。しかし，木原先生はさらなる探究を続けられ，3年後にこの授業実践を核にした実践研究論文が学会誌に掲載されました。学会で認められるようになってからも木原先生は現状に安住されることなく，さらなる探究を続けておられます。

　他の執筆者の方々もそれぞれに道徳教育に対する問題意識を持って探究に取り組んでおられることから，研究者である筆者としては特定の方法を絶対的なものとして提唱するのではなく，様々な道徳授業のスタイルのメリット・デメリットが明らかになるような枠組みを提示することで，授業改善に取り組む現場の先生方を支援したいと考え，研究に取り組んでいます。筆者が執筆した部分は，JSPS科研費基盤研究C 26381250「モラル・アフォーダンスを導入した道徳授業の開発」の助成を受けた研究成果をとりまとめたものです。

　本書で提示した「ねらいの8類型」の枠組みもまた，完成したものではなく，今後の道徳教育の研究，実践の発展によって改善され，乗り越えられていくべきものです。本書で学ぶ方々が，それぞれに，子どもたちが本気で考え議論しながら，よりよい生き方，在り方を学べる道徳授業のスタイルを確立するだけでなく，さらなる探究を継続できる教師として成長していかれることを願っています。

　2017年12月

吉田　誠

道徳科　初めての授業づくり
　　──ねらいの8類型による分析と探究──

目　次

はじめに ……………………………………………………………………………… i

[基礎編]

第1章　道徳教育に対する誤解を解く ……………………………………… 3
　1．道徳教育における信念対立とは …………………………………… 3
　2．「修身科」「道徳の時間」「特別の教科　道徳」に通底する信念対立 ……… 6
　3．理想主義と現実主義の対立の根底にある善悪観の問題 …………… 10
　4．よい道徳教育とは何か ……………………………………………… 12

第2章　道徳を捉える新たな視点 …………………………………………… 16
　1．20世紀の道徳と21世紀の道徳 ……………………………………… 16
　2．進化心理学と認知神経科学が示す新たな道徳観 ………………… 18
　3．理想主義と現実主義を融合する視点 ……………………………… 21

第3章　道徳授業のねらいに基づく8類型 ………………………………… 26
　1．理想主義と現実主義，行為主義と人格主義の視点 ……………… 26
　2．道徳授業の8類型 …………………………………………………… 28
　　（1）行為の理想追求型　28
　　（2）価値の理想追求型　28
　　（3）生き方の理想追求型　29
　　（4）人格の向上追求型　30
　　（5）集団の成長追求型　31
　　（6）状況適応追求型　31
　　（7）行為判断力追求型　32
　　（8）行為スキル追求型　33
　3．複数類型の連携による授業改善の可能性 ………………………… 34

第4章　道徳授業の発問の構成法 …………………………………………… 36
　1．ねらいの設定 ………………………………………………………… 36
　　（1）年間指導計画を確認する　37
　　（2）『学習指導要領解説　特別の教科　道徳編』を確認する　37
　　（3）内容項目を踏まえて教材を分析する　37
　　（4）授業全体を貫く「本時のねらい」を設定する　38
　　（5）複数の内容項目を関連付けた学習を構想する場合　38

2．発問の類型 …………………………………………………………… 39
　　（1）道徳科の学習指導過程における類別　39
　　（2）発問の対象による類別　40
　　（3）授業構成の意図による類別　41
　3．発問の構成法 ………………………………………………………… 42
　　（1）内容項目の解説を熟読する　42
　　（2）本時のねらいと学習テーマを設定する　43
　　（3）ねらいに沿った中心発問をつくる　43
　　（4）学習テーマに沿った展開後段の発問をつくる　45
　　（5）ねらいに基づいた導入での発問，基本発問をつくる　46
　4．発問の推敲法 ………………………………………………………… 46

第5章　道徳科の学習指導案の作り方 ………………………………… 49
　1．学習指導案作成の目的と必要性 ……………………………………… 49
　2．学習指導案の形式例 …………………………………………………… 51
　3．学習指導案の作成手順 ………………………………………………… 53
　　（1）主題名を設定する　53
　　（2）教材名を書く　53
　　（3）教材分析を基に，本時のねらいを設定する　53
　　（4）主題設定の理由を書く　53
　　（5）本時の学習について書く　54
　　（6）板書計画を構想する　55
　　（7）評価について　55
　　（8）全体を見直す　55
　4．多様な指導案の形式例 ………………………………………………… 56
　　（1）考え，議論する道徳の実現のために　57
　　（2）関連する内容項目　57
　　（3）関連する教科・領域等　58

第6章　道徳科の評価 ……………………………………………………… 59
　1．評価と評定 ……………………………………………………………… 59
　　（1）学習評価とは　59
　　（2）評価と評定について　60
　2．道徳科における評価とは ……………………………………………… 61
　　（1）観点別評価ではない　61

（2）内容項目ごとの評価ではない　　62
　　（3）学習活動に注目して評価する　　62
　　（4）個人の成長を積極的に受け止める個人内評価　　63
　3．評価の視点・方法 …………………………………………………… 65
　　（1）様々な評価の方法　　65
　　（2）道徳科における評価の視点と留意点　　66
　　（3）効果的だと思われる道徳科の評価法　　67

[実践編]

第7章　各授業類型のねらいと発問の特徴 ………………………… 71
　1．「はしの上のおおかみ」
　　　（小学校低学年：行為の理想追求型・行為判断力追求型・
　　　　　　　　　　集団の成長追求型） …………………………… 71
　2．「富士と北斎」
　　　（小学校中学年：行為の理想追求型・生き方の理想追求型・
　　　　　　　　　　人格の向上追求型） …………………………… 75
　3．「人間をつくる道―剣道―」
　　　（小学校高学年：価値の理想追求型・状況適応追求型・
　　　　　　　　　　行為スキル追求型） …………………………… 78
　4．「言葉の向こうに」
　　　（中学校：行為の理想追求型・行為判断力追求型・
　　　　　　　集団の成長追求型） …………………………………… 82

第8章　教材分析の視点 ………………………………………………… 86
　1．感動教材の図式化による感動の中心の明確化 …………………… 86
　2．時系列分析による資料の枠組みを超えた文脈的視点 …………… 89
　3．人物教材分析による自分の生き方を考えるための視点 ………… 92
　　（1）道徳科の特質からの視点　　92
　　（2）教材と子どもの学びとをつなぐ視点　　93
　　（3）事前学習の組織化の視点　　94

第9章　発問分析による授業づくりの視点例 ………………………… 96
　1．閉じた問題解決から開かれた問題解決へ ………………………… 96
　2．「気持ちがあればできる」から「こうしたらどうなるか」へ …… 99
　3．「こうあるべき」から「どうしたい」へ ………………………… 103

第10章　授業づくりの実際とさらなる探究1
── カリキュラム・マネジメントに基づく道徳授業の探究── …… 107
1．課題意識と授業づくりの視点 ……………………………………… 107
　（1）課題意識　*107*
　（2）授業づくりの視点　*108*
2．授業実践例「『右・左・右』まもります」(小学校3年生) ……… 110
　（1）社会科の見学学習における児童の実態から　*110*
　（2）授業場面ごとの考察　*110*
　（3）まとめ　*115*
3．授業スタイルの長所と今後の課題 ……………………………… 116
4．さらなる探究に向けて（共編著者からのコメント）…………… 117

第11章　授業づくりの実際とさらなる探究2
── テーマ発問と構造的板書による授業改善── ……………… 119
1．課題意識と授業づくりの視点 …………………………………… 119
2．授業実践例「同じ仲間だから」・「人間らしく生きる」(小学校4年生) … 120
　（1）「同じ仲間だから」（『わたしたちの道徳 小学校三・四年』）の実践　*120*
　（2）「人間らしく生きる」の実践　*125*
3．授業スタイルの長所と今後の課題 ……………………………… 128
　（1）長所として考えられること　*128*
　（2）今後の課題　*129*
4．さらなる探究に向けて（共編著者からのコメント）…………… 129

第12章　授業づくりの実際とさらなる探究3
──「考え，議論する」教科授業を基盤とする問題解決的授業── *131*
1．課題意識と授業づくりの視点 …………………………………… 131
　（1）中学校だからこそ，教科授業でも「考え，議論する」場と時間の保障を　*131*
　（2）いじめ防止をねらう道徳授業を，問題解決的な学習で　*132*
　（3）「卒業文集最後の二行」こそ，入学間もない1年生で　*133*
　（4）「問い」をどう立てるか　*133*
2．授業実践例「卒業文集最後の二行」(中学1年生) ……………… 134
　（1）授業の実際　*134*
　（2）授業の振り返りをどうするか──道徳科の「評価」を意識して──　*138*
3．授業スタイルの長所と今後の課題 ……………………………… 140
4．さらなる探究に向けて（共編著者からのコメント）…………… 140

第13章　授業づくりの実際とさらなる探究4
　　　──「教材を教える」授業から「教材で探究する」授業へ──　……… 142
　1．課題意識と授業づくりの視点 …………………………………………… 142
　2．授業実践例「絵はがきと切手」（小学校4年生） ……………………… 145
　3．授業スタイルの長所と今後の課題 ……………………………………… 149
　4．さらなる探究に向けて（共編著者からのコメント） ………………… 151

［応用編］

第14章　新たな授業づくりの方向性
　　　──ジグソー法を用いたコンピテンシー・ベースの道徳授業── …… 155
　1．コンピテンシー・ベースの教材分析法 ………………………………… 155
　2．知識構成型ジグソー法を用いた授業づくり …………………………… 158
　3．「二通の手紙」を用いた授業実践例 …………………………………… 161

第15章　校内研究会による授業力の向上 ……………………………… 165
　1．参観者としての授業力の向上 …………………………………………… 165
　　（1）授業者への自我関与　*166*
　　（2）学習者への自我関与　*170*
　2．授業者としての授業力の向上 …………………………………………… 171
　　（1）問いを立てる　*172*
　　（2）問いに対する自分なりの答えを研究授業で表現する　*172*
　　（3）協議会で問いを主張する　*172*
　3．校内研究会を「主体的・対話的で深い学び」の場にするために ……… 173
　　（1）自分なりの考えを常に持つ ─主体的な学び─　*173*
　　（2）日常的に相談できる相手を見つける ─対話的な学び─　*173*
　　（3）学んだことを次の授業で試し，検討する ─深い学び─　*174*

おわりに ……………………………………………………………………………… 175

基礎編

第1章
道徳教育に対する誤解を解く

1．道徳教育における信念対立とは

　私たちは、「あるべき」行動や生き方について、何らかの信念を持って生きています。そして、他者に対しても、同じような信念に従って行動することを期待したり強制したりします。このような「あるべき」行動や生き方を子どもたちに伝えるものが道徳教育であると言うこともできるでしょう。では、このような期待や強制を行う根拠はどこにあるのでしょうか。また、自分たちの信じる「あるべき」行動や生き方とは異なる行動をする人々との対立や、道徳教育の指導方針や指導内容についての意見対立のような信念対立が生じた場合、どのように正しさを決めればよいでしょうか。ここでは、教育哲学者の苫野一徳が示した正しさの決め方についての4つのアプローチに基づいて検討してみましょう。

　苫野の『どのような教育が「よい」教育か』によれば、正しさの決め方の一つ目は「道徳・義務論的アプローチ」です。これは、どのような社会が最も「道徳的」であり、そのような社会で私たちにはどのような「義務」があるか、探求するものです。例えば、ジョン・ロールズは、生まれの差や才能のような生来のめぐり合わせの違いで社会的成功に差が出る状態を解消するために、「無知のヴェール」に覆われた状態を仮定して正しさを判断すべきと論じました。しかし、これに対して、ロバート・ノージックは、生まれの差も持って生まれた権利だから社会が勝手に平準化すべきでないと反論しています。このよ

うに「道徳・義務論的アプローチ」の主張者は，自分が理想とする行動や生き方，社会の在り方を追求するため，自分の考えが正しく，反対する相手の考えは間違っていると考えがちです。その結果，両者の信念対立は永遠に続くか，あるいはそれぞれに理想を追求し続ければいつか共通の理想にたどり着くはずと考えることになりやすいでしょう。道徳教育の指導方針を考える場合であれば，具体的問題の議論を避けて抽象的な道徳的価値の理想を追求する理想主義的なアプローチということができます。

正しさの決め方の二つ目は，「状態・事実論的アプローチ」です。これは，私たちは文化的な状況の中で生まれ育った存在だから，それぞれの文化の「共通の価値」や「共通の善」を基に正しさを決め，それに従うべきだとする考え方です。例えば，マイケル・サンデルは，私たちは誰もが共同体の中に生まれ育ったのだから，その共同体の状態や事実をありのままに受け入れ，共同体において正しいとされるものに従うべきであると論じました。この議論は，「郷に入っては郷に従え」と同じ主張であり，何をその共同体の状態や事実として受け入れるべきかということについては，結局多数派の考え方で決まることになりがちです。したがって，多数派の考える正しさに適応できない少数派にとっては，多数派との間の信念対立が永遠に続くことになりやすいでしょう。道徳教育の指導方針を考える場合であれば，ある状況における自分の言動が共同体の多数派からどのように受け止められるかを適切に考え判断する，状況適応力を育てる現実主義的なアプローチということができます。

正しさの決め方の三つ目は，「プラグマティックアプローチ」です。これは，絶対的な道徳や義務，あるいは絶対的で変える必要のない共同体の状態や事実は一つに決められないので，その都度の状況に応じて何がよいか，話し合って決めればよいとする考え方です。例えば，リチャード・ローティは絶対的な正義を問うのをやめて，その都度どうすればうまくいくかを考えるべきと論じました。しかし，その都度の「うまくいく」方法の判断の仕方は示されておらず，「うまくいく」方法の決め方についての信念対立が永遠に続いてしまうことになりやすいでしょう。道徳教育の指導方針を考える場合であれば，正しさは人それぞれの視点や立場によって変わるので，話し合いの手続きやスキルといっ

たその都度の「よい」行為スキルを話し合って決め，そのスキルを習得させる行為主義的なアプローチということができます。

　正しさの決め方の四つ目は，「欲望論的アプローチ」です。これは，「われわれはどのような生を欲するか」という欲望論を基に，そのような生を最も十全に可能にする社会や教育を「よい」とする考え方です。例えば，苫野一徳は，プラグマティックアプローチでは，その都度何が「うまくいく」かを考えるだけでその判断基準がないのに対して，欲望論的アプローチでは，私たちが各自の欲望を問い合うことでその本質を確かめた上で，どうすれば各人の本質的欲望を最も十全に達成できるかを判断基準に「よい」方法を決めることができると論じています。欲望論的アプローチでは，各自が自分の欲望と他者の欲望を理解し，相互の衝突をいかに少なくするか，あるいは，両者の欲望をいかに両立させるかについての議論が可能となるでしょう。しかし，互いに両立しない欲望が衝突した場合には信念対立が続く可能性もあります。道徳教育の指導方針を考える場合であれば，正しさよりもお互いがどうしたいか，どうなったらよいかについて考え，お互いに折り合いを付ける習慣や生き方を人格にまで高めようとする人格主義的なアプローチということができます。

　以上の4つのアプローチは，どれかが正しく，それ以外は間違っているということはなく，それぞれ長所・短所はありますが，すべて私たちがよりよく生きていくために必要な視点ではないでしょうか。現実には，理想を追求することで対立する両者に一応の合意が得られることもあれば，逆に理想が異なるために互いに理解しあえずに対立を深めることもあります。理想の追求よりも目の前の現実に適応することが大切な場合もあれば，現実に迎合して理想を忘れてしまう場合もあります。個々の行為の正しさを確認することがよりよい生き方につながる場合もあれば，個々の行為の正しさにとらわれ過ぎて何のために生きているのか見失う場合もあります。互いにどうしたいか，どうなりたいかを確認しながら折り合いを付けることで無用の対立を避けられる場合もあれば，互いの事情や人生の背景に配慮しすぎて不正な行為に甘くなってしまう場合もあります。

　したがって，私たちがよりよく生きるためには，どのような目的，状況に対

してどの視点がより効果的か，複眼的な視点から考えることが必要です。ところが我が国の道徳教育では，様々な立場から教育方法を提唱する人々が，自分の教育方法こそが他の教育方法の問題をすべて解決するかのような排他的な主張をしてしまうことによる信念対立が続いてきました。

このような道徳教育方法の信念対立の根底にある善悪観を解明するため，明治以降の道徳教育の歴史に通底する信念対立について考察してみましょう。

2．「修身科」「道徳の時間」「特別の教科 道徳」に通底する信念対立

明治新政府が1872（明治5）年に発布した「学制」では，フランスの学校制度にならって，現在の道徳科にあたる修身科が教科として設定されましたが，当初は教育方針が明確でなく，あまり重視されませんでした。その背景には，欧米の科学技術を取り入れるために読み書き計算の実学を重視する欧化主義の考え方がありました。

その後，1879（明治12）年に明治天皇の意見に基づいて天皇の侍講である元田永孚が，当時の教育は知識技能の習得に重点を置きすぎているので，仁義忠孝の徳を培う修身科中心にするべきという儒教主義の意見を「教学聖旨」として示しました。これに対して「政府は国民の道徳的理想に関与すべきでない」とする反論を伊藤博文が出し，元田が再反論を行いました。その後も論争が続きましたが，それは「若者が不道徳なのは仁義忠孝の道徳を知らないからで，価値の理想を学校で教えるべき」とする理想主義的な議論と「若者の不道徳は一時的な現象であり，実学を学びながら近代市民としての責任や義務を身に付けさせればよい」とする現実主義的な議論の対立でした。

政府内の儒教主義と欧化主義の対立は，学校教育政策の混乱を招き，地方官の政府に対する不満が高まりました。そして，地方長官（現在の県知事）会議で政府に対し，国の教育方針を定めて修身科を充実させるよう求めたことをきっかけに，明治天皇の指示のもと，井上毅の草案に元田永孚が修正を加えて作られた教育の基本方針が，1890（明治23）年に「教育勅語」として出されま

した。「教育勅語」では，仁義忠孝の儒教主義的な道徳と博愛・公徳心・遵法といった欧化主義的な近代市民道徳が並立しながらも，国家の危急時には公のために奉仕し，皇室の運命を助けるべきとされました。

「教育勅語」は教育の基本方針とされ，祝祭日に奉読することと，後には暗唱することが義務付けられました。修身科の教科書も「教育勅語」の徳目に従って構成され，価値の理想を教え込む理想主義的な傾向が強まりました。

大正時代には大正デモクラシーと言われる自由主義的な社会運動に伴い，教育界でも子どもの興味関心や主体性を尊重する教育への転換を図る大正新教育運動が展開されました。修身科でも生活に根ざした教材を用いたり，生活の問題を解決させたりする現実主義的な改革が一部の学校で行われましたが，昭和時代になって軍国主義化が進むにつれて衰退し，消滅しました。

戦後，我が国の教育から軍国主義を排除するためGHQ（連合国軍総司令部）の指示により修身，日本歴史，地理の授業が停止されました。その後，日本歴史と地理は再開されましたが，修身は停止されたまま，民主主義的な社会生活を理解させ，その進展に寄与する態度や能力を育てる教育が社会科で行われました。それに加えて，基本的生活習慣の指導あるいは学級や社会の変革に取り組む学級集団づくりの指導を行う生活指導が行われました。

その後，修身科復活の世論が起こり，1945（昭和20）年頃から新聞や教育雑誌で道徳教育の問題が取り上げられるようになりました。1950（昭和25）年に来日した米国教育使節団の報告書では「道徳教育は，ただ社会科だけからくるものだと考えるのはまったく無意味である。道徳教育は，全教育課程を通じて，力説されなければならない」と指摘されました。これらの動きを受けて1951（昭和26）年に教育課程審議会から「道徳教育振興に関する答申」が出され，「社会科その他，現在の教育課程に再検討を加え，これを正しく運営する」ことで道徳教育を行うべきとされました。

一方，「社会を学ぶ『社会科』を，個人の内面の美しさを求める『個人科』にすりかえようとしている」という社会科問題協議会の批判もあり，社会科による道徳教育の限界が問題になりました。こういった動きを受け，1958（昭和33）年の教育課程審議会答申で，従来の学校の教育活動全体を通じて行う全面

主義道徳教育の方針に加え,「道徳」の時間を設けることとされました。同年出された「中学校学習指導要領　道徳編」では,「道徳教育の内容は, 教師も生徒もいっしょになって理想的な人間の在り方を追求しながら, われわれはいかに生きるべきかを, ともに考え, ともに語り合い, その実行に努めるための共通の課題である」と理想主義と現実主義の内容が併記されています。

しかし, 政治思想の対立を背景とする「道徳」の時間特設推進派と反対派の論争は, 道徳教育における理想主義と現実主義を分裂させました。特に, 左翼思想を排除しつつ,「道徳」の時間を学校教育に位置付けたい勝部真長と, 集団主義的生活指導で政府の支配体制の矛盾に目を向けさせて, 学級や社会の変革に取り組ませる活動を通じて道徳の探究者を育てたい宮坂哲文は, 真っ向から対立しました。宮坂は生活指導には道徳教育の機能が含まれるので「道徳」の時間は不要と論じました。これに対して勝部は, 道徳教育を価値の内面化を中心とする理想主義的方法と基本的生活習慣の指導を中心とする現実主義的方法に分け, 理想主義的方法を「道徳」の時間に, 現実主義的方法を「生活指導または生徒指導」に区分して, 集団主義的生活指導を排除しました。その結果,「道徳」の時間の指導方法は, 理想主義的な「価値の内面化」を行うものに限定され,「道徳」の時間とその他の教育活動の指導方法が峻別されただけでなく, 現実主義的な指導方法は「道徳」の時間から排除されました。

その後の「道徳」の時間の指導は, 多くの課題を抱えつつ進められることとなりました。主な課題として, 次の4点が挙げられます。

①全面主義道徳教育を保持するとしながらも, 教科等の学習活動との連携が不十分なこと。

②抽象的な道徳的価値と現実生活とのつながりが見えないために, 道徳的価値の理解が知的なものに留まりがちなこと。

③主体的な学習を促そうとしながらも, 結局は教師が道徳的価値の解釈を説話して終わる結果として, 子どもたちの発言が建前のきれいごとになること。

④個々の内容項目を別個に扱うことで毎回の授業が断片化し, 教師も子どもたちも学習内容の相互矛盾に気付かなくなること。

これらの課題に対して様々な解決方法が提案されましたが，一つの方法によってすべての課題が解決されるかのような排他的提案になりがちでした。そのため，解決方法の提案者は相互に対立しがちで，それぞれの方法を相互に結び付けてそれぞれのよさを生かすには至りませんでした。その結果，多くの学校で「道徳」の授業が読み物資料の主人公の心情理解に終始したり，教師も子どもたちも成果を感じにくいために他の時間の指導に振り替えられたりする事態が続きました。

　このような事態を改善するため，小学校は2018（平成30）年度から，中学校は2019（平成31）年度から「道徳」は教科化されることになりました。教科化に至る議論でも，道徳科に問題解決的な学習や道徳的行為に関する体験的な学習を取り入れることに強い反対意見が出されるなど，理想主義と現実主義の対立が見られました。しかし，2015（平成27）年に出された一部改正学習指導要領では「特定の価値観を押し付けたり，主体性をもたず言われるままに行動するよう指導したりすることは，道徳教育が目指す方向の対極にあるものと言わなければならない」「多様な価値観の，時に対立がある場合を含めて，誠実にそれらの価値に向き合い，道徳としての問題を考え続ける姿勢こそ道徳教育で養うべき基本的資質である」とする中央教育審議会答申を踏まえ，「発達の段階に応じ，答えが一つではない道徳的な課題を一人一人の児童が自分自身の問題と捉え，向き合う『考える道徳』，『議論する道徳』へと転換を図る」ことが明記されました。そして，「特別の教科　道徳」の目標は，「よりよく生きるための基盤となる道徳性を養うため，道徳的諸価値についての理解を基に，自己を見つめ，物事を多面的・多角的に考え，自己の生き方についての考えを深める学習を通して，道徳的な判断力，心情，実践意欲と態度を育てる」とされました。

　この改正により明治時代から対立，分裂してきた理想主義と現実主義を融合する可能性が拓かれました。これまで道徳教育で中心的であった理想主義では道徳的課題の答えは究極的に一つの「正解」に集約されますが，その「正解」は抽象的で実現困難なものでした。しかも，「正解」を共有できない人は議論から排除されます。しかし，「答えが一つではない道徳的課題」を「多面的・

多角的」に考えることは、「正解」や善悪二元論に留まらない多様な議論を生み出します。このことは、個人の判断力や心情、意欲が高まれば、道徳的問題を起こさないはずとする理想主義的な捉え方に加えて、環境や状況によっては個人の判断力や心情、意欲の有無によらず道徳的問題が起こりうるとする現実主義的な捉え方も道徳科で扱える可能性をもたらしました。そして、悪い行為や生き方をする人物を自分とはかけ離れた悪い人間と捉えるのではなく、自分も同じ状況に置かれたら、程度の差はあっても同じような行為や生き方をしてしまうかもしれないという当事者意識をもって受け止められれば、そのような環境や状況を避けたり改善したりする方法を考えることにつながります。

　次に、道徳教育の歴史を通じて続いてきた理想主義と現実主義の信念対立の根底にある善悪観の問題について検討してみましょう。

3．理想主義と現実主義の対立の根底にある善悪観の問題

　私たちは心理的に距離のある他者に対しては、挨拶をしたり約束やルールを守ったりするなどの個々の道徳的行為に着目し、それらが「できて当たり前」「そうあるべき」と考え、そういった行為をしない人を「悪い人」とみる理想主義かつ行為主義的（理想的行為主義）な捉え方をする傾向にあります。その一方で、自分自身や家族、親友など心理的に非常に近い人々に対しては、その人がこれまでどのような人生を過ごし、どのように生きようとしているか、今、どのような環境や状況に置かれているか、といった文脈的な視点とのつながりに着目し、「人は失敗や過ちを犯すこともある」とみる現実主義かつ人格主義的（現実的人格主義）な捉え方をする傾向もあります。

　では、学校現場や道徳教育の場では、どちらの捉え方をする傾向が強いでしょうか。恐らく、多くの人々は他者の個々の行為に着目し、約束を守ることなどは「できて当たり前」「そうあるべき」と捉えがちでしょう。こういった理想的行為主義の捉え方を、筆者は「道徳的生活の微分化」と呼んでいます。「微分化」と呼ぶ理由は、ある人物の人格的な成長について縦軸を習慣や人格、

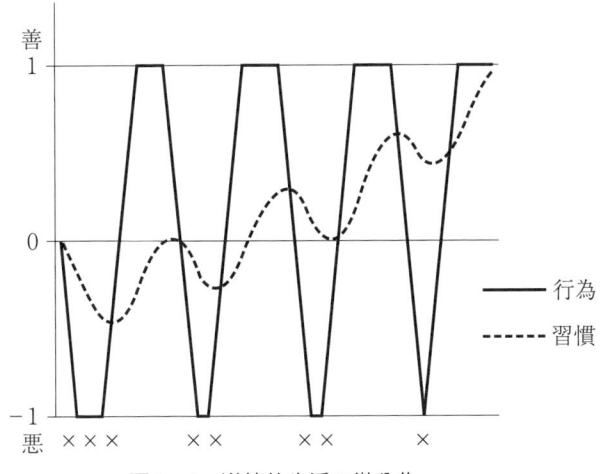

図1-1　道徳的生活の微分化

横軸を時間とした座標上に曲線の形で表したとすると，個々の行為の善悪に着目することは曲線全体としての増減の傾向よりも各時点での傾き，すなわち曲線の時間による微分がプラスかマイナスかに着目することだからです。「道徳的生活の微分化」の捉え方では，各時点での行為が善か悪かによって，その人物の善悪が判断されるため，周囲の注目を浴びるようなたった一つの行為によって，その人物の評価が大きく変わってしまいます。

例えば，図1-1は，ある人物が失敗しながらも少しずつ習慣を改善し，人格的に成長していく過程を破線で示し，実線は破線を微分して各時点での行為の善悪を示したグラフです。破線を見れば，この人物は人格的に成長しつつあることが明らかですが，個々の時点での行為についてよい行為が「できて当たり前」「そうあるべき」という観点から見れば，この人物は「悪い行為を繰り返す悪い人」というかなり否定的な評価がなされてしまいます。そして，できないのはその人物の意志や心情に問題があるためだとして，非難や罰によって意志や心情を矯正しようとすることになりがちです。

「道徳的生活の微分化」による善悪観は，勧善懲悪のヒーローアニメのような「裁きの善悪観」となります。裁きの善悪観では「よい人」と「悪い人」が明確に分けられ，「よい」行為をする人は「よい人」，「悪い」行為をする人は

「悪い人」と判断されます。小学校低学年頃までの子どもや外から社会に入ってくる人々が，その社会で「よい」とされる行為と「悪い」とされる行為を理解するには，この善悪観は役に立ちます。その反面，自分を常にヒーローのような「よい人」の立場に置いてしまうと，自分から見て「あるべき」姿から外れた行為をする人物を「敵」とみなして非難し，その行為を矯正したり社会から排除したりすることを無批判に正当化する恐れもあります。

　前節で説明した道徳教育における理想主義と現実主義の対立の背景にも，このような裁きの善悪観があったと考えられます。子どもたちのために道徳教育をよりよく行いたいと考え，道徳教育の改善に取り組んできた人々は，道徳教育を「こうあるべき」と捉えて自分の方法こそが「よい道徳教育」の方法と考えるために，それまで行われてきた教育の在り方が「間違っている」と考えがちです。しかし，それまで行われてきた教育を進めてきた人々もまた，別の角度から道徳教育を「こうあるべき」と捉えて，自分たちの方法を「よい道徳教育」の方法として実践してきたので，逆に新しい教育の在り方こそが「間違っている」と考えることになります。これでは，理想主義と現実主義に代表される道徳教育の方針や方法をめぐる対立は永遠に続いてしまいます。

　理想主義と現実主義を融合する善悪観については第2章3.で提示しますが，その前に，よい道徳教育とは何か，また，その実現のために求められる教師としての資質・能力について考察してみましょう。

4．よい道徳教育とは何か

　道徳教育に限らず，教育の方法についての対立は昔から続いてきました。この対立について苫野一徳は，「互いに互いの正しさを主張し合っていがみ合うのは，せっかくの双方の実践知を活かし合うことができずにいるという意味で，不幸な信念対立」だと指摘しています。そして，信念対立を克服するために「目的・状況相関的方法選択」の原理として，「絶対に正しい教育方法などはあり得ない。したがって問われるべきはその有効性であり，そしてそれは，目的や状況に応じて変わりうるし，また変わるべきである」とする捉え方を提案し

ています。そして、「個別状況を省みずに自分の方法を（無意識に）絶対化・一般化してしまうことは、決して『よい』教育方法とはいえないだろう。それゆえ『目的・状況相関的方法選択』の自覚とその熟練は、力量ある教師の一つの条件といっていい」と述べています。

　したがって、理想主義と現実主義に代表される道徳教育の方針や方法をめぐる対立を克服するには、一つの道徳教育の方針や方法が絶対に正しいと考えたり、どんな子どもたちでも道徳性を育てることができる方法があると考えたりする捉え方を見直す必要があります。なぜなら、そのような絶対的に正しい方法があると考えることは、結果的にその方法に合わない子どもたちを「問題児」扱いして授業から排除することにつながるからです。その上で、子どもたちの状況や実態に応じた目的を設定し、その目的や状況に応じて最も有効と考えられる道徳教育の方法を探究し続ける必要があります。

　このように、目的や状況に応じて最も有効であると考えられる道徳教育の方法を探究し続ける必要があるとすれば、よい道徳教育の方法を身に付けることは一つの固定した教育方法を習得することではなく、常に変化し発展し続ける柔軟な道徳教育の方法づくりを習得することだと言えます。

　では、柔軟な道徳教育の方法づくりを習得するにはどうすればよいでしょうか。米国の発達心理学者ロバート・キーガンは、人間の知性が大人になっても生涯にわたって環境順応型知性から自己主導型知性、自己変容型知性へと成長する可能性があることを明らかにしました。キーガンによれば、環境順応型知性の段階では、周囲からの期待に応えて期待に忠実に行動することで帰属意識を抱く集団や人物の考え方や価値観を身に付けていきます。教師で言えば、初任者が最初の赴任校で校長や教頭、先輩教師の指導に従いながら、道徳教育の方法を身に付けていく段階と言えるでしょう。しかし、この段階で指導された方法をその目的や適した状況について考えることなく、言われた通りに行うだけに留まってしまうと、知性の成長は止まってしまいます。

　何のためにその方法を行うのか、そしてその方法が適した状況は何か、指導者に尋ねたり自分なりに考えたりしながら、よりよい道徳教育の方法について探究し、自分なりのスタイルを確立しようと努力することで、次の自己主導型

知性の段階へと成長することができます。ですから，初任者の段階では，道徳教育に限らず様々なことについて，「こうしなさい」「こうしてはならない」と指導を受けるでしょうが，盲目的に指導を受けて「型にはめられる」のではなく，まずは言われた通りに実践してみて「何のためにこうするのか」「なぜこうしてはならないのか」を確認しながら理解する「型にはまってみる」ことが大切です。

　このように型にはまってみながらも，自分の実践と周囲の環境を客観的に見ることで自分なりの判断基準を確立し，自分の価値観の実現に向けて自らの実践を評価し，改善できるようになった段階が自己主導型知性の段階です。教師で言えば，自分の授業スタイルをある程度確立し，周囲からもその授業スタイルのよさを認められるようになった段階と言えるでしょう。しかし，自分の授業スタイルを完成されたものと捉えて，その授業スタイルの課題に目を向けなくなれば，知性の成長はこの段階で止まってしまいます。

　授業スタイルについて異なる判断基準から自分の授業スタイルを見つめ直すことで，いったん確立した自分の授業スタイルにも課題があることを認め，その課題を克服できる可能性のある異なるスタイルを柔軟に取り入れようとするとき，次の自己変容型知性の段階へと成長することができます。ですから，自分の授業スタイルのよさを他者から認められるようになったときこそ，どんな目的や状況にも適合する完全な授業スタイルなど存在しないことを思い起こして自分の授業スタイルの課題や限界を見つめ直し，新たな授業スタイルを取り入れてみることが大切です。

　このように自分自身の信念や価値観を客観的に見て，その限界を検討でき，一見対立し，矛盾するように見える複数の考え方を統合することができるようになった段階が自己変容型知性の段階です。教師で言えば，自分の授業スタイルの課題や限界を見つめ直し，一見対立し，矛盾するような授業スタイルを取り入れてみることで柔軟に授業スタイルを修正したり，複数の授業スタイルを状況によって使い分けたりできるようになった段階と言えるでしょう。さらに，目的や状況を捉える枠組み自体も客観的に捉えて見直し続けることができれば，常に変化に対応して自分の信念や価値観，授業スタイルを柔軟に変容させ

続ける教師になることができるでしょう。

　このようによい道徳授業の方法とは，よりよい方法を柔軟に探究し続けるやり方のことです。だから，よい道徳授業の方法は，教師自身が環境順応型知性・自己主導型知性・自己変容型知性への成長を見通した学習を行い，目的と状況認識に基づいて適切な方法を探究できるようになることで実現されます。本書では自己変容型知性への成長を促すツールとして「ねらいの8類型」を提示しますが，「ねらいの8類型」の枠組み自体も絶対的なものではなく，よりよい枠組みが存在しうることを前提としています。

【参考文献】
苫野一徳『どのような教育が「よい」教育か』講談社　2011年
ロバート・キーガン，リサ・ラスコウ・レイヒー（中土井僚 監訳）『なぜ弱さを見せあえる組織が強いのか―すべての人が自己変革に取り組む「発達指向型組織」をつくる―』英治出版　2017年

第2章 道徳を捉える新たな視点

1. 20世紀の道徳と21世紀の道徳

　前章でよい道徳教育の方法とは柔軟な方法であることを示しましたが，この捉え方は21世紀の社会状況や学術研究の進展を反映したものです。道徳についても同様に，社会状況の違いや学術研究の進展によって捉え方に変化する部分が当然出てくると考えられます。そこで20世紀と21世紀の我が国の社会状況とそれぞれの社会で求められる道徳について考察してみましょう。

　20世紀の我が国は，その前半から中盤にかけて製鉄や重化学工業などが発展する製造業中心社会，後半は家電製造業やサービス業が発展する消費者中心社会でした。製造業中心社会の行動規範は，集団の目的や目標に疑問を持たず，それらを正しいものとして受け止め，上の立場の人の考え方や価値観に忠実に従って，各自に与えられた役割を果たすことです。一方，消費者中心社会の行動規範は，各場面での活動の目的や優先順位を自らの行動規範として内面化し，その行動規範の範囲内で相手の意向や状況に応じて自ら判断し，主体的に行動することです。前章で示したキーガンの知性の発達段階で言えば，製造業中心社会の行動規範は人々が環境順応型知性の段階に達することを前提とし，消費者中心社会の行動規範は自己主導型知性の段階に達することを前提としていると考えられます。したがって，以上2つの行動規範は成長の過程で通過するものであると同時に，現代の社会においても場面や状況に応じて必要とされるものだと言えるでしょう。

しかし，21世紀の社会は単なるモノの生産やサービスの提供だけでなく，それらに付随する情報やそれらと一体となったライフスタイルを生み出すことで新たな価値を創造する活動が中心になりつつあります。例えば，当初の携帯電話は通話するモノでしたが，データ通信サービスが追加され，さらにスマートフォンとなったことでSNS等のアプリを通して私たちが情報を生産し，消費するライフスタイルが生み出されました。スマートフォンという言葉は2000年前後から使われ始めましたが，現在のようなタッチパネルタイプが使われ始めたのは2010年頃からで，その後10年足らずのうちに急激に普及し，ライフスタイルやコミュニケーション環境を大きく変えています。

　スマートフォンのあるライフスタイルは便利な一方で，自他の迷惑行為等の写真をSNSに掲載することで当事者が特定されて必要以上の社会的制裁を受けたり，迷惑行為の場となった店舗などが閉鎖に追い込まれたりするなど，情報モラルに関わる新たな問題も生じています。

　今後さらに身の回りのモノが相互に情報を交換するネットワークによって新たなライフスタイルやコミュニケーション環境が生み出されることで，それらが自己，周囲の人々，社会，環境などにもたらす新たな問題に柔軟に対応し続ける力を身に付けることが求められるでしょう。しかも，新たなライフスタイルやコミュニケーション環境に関わる人々の多様性を考慮に入れれば，正しさや善悪の捉え方の多様性を前提とする対応も必要になります。

　このように，ライフスタイルやコミュニケーション環境が常に変化する社会の行動規範は，常に自らの行動規範のメリットとデメリットを考えることで相対化し，批判的に捉えなおしながら視野を拡張し続けることで，自分が置かれた場面の目的や状況に応じて多様な行動規範を柔軟に使い分けることではないでしょうか。このような行動規範は，キーガンの知性の発達段階で言えば，自己変容型知性の段階に達することを前提とすると考えられます。

　しかし，自らの行動規範のメリットとデメリットを考えることで行動規範を相対化し，批判的に捉えなおすためには，「正しさ」や「よさ」を決める基準が必要になります。もしも，その基準が固定的なものであればその行動規範は柔軟性を失いますし，人それぞれで勝手に基準を決めてよいのであればその行

動規範は独りよがりになりやすいでしょう。そこで「正しさ」の基準を考えるために第1章で紹介した正しさの決め方の4つのアプローチを取りあげ，進化心理学と認知神経科学の観点から再度検討してみましょう。

2．進化心理学と認知神経科学が示す新たな道徳観

　ジョシュア・グリーンは，私たちの道徳的な思考は，直感的で感情的な反応と，論理的で理性的な思考の二重のプロセスで行われているとし，主に直感的で感情的な反応をしている状態をオートモード，主に論理的で理性的な思考をしている状態をマニュアルモードと呼びました。そして，オートモードは同じ価値観を共有する集団では利己性を抑制し，たいていの場合に道徳的に「正しい」答えを素早く効率的に出すけれども，価値観が対立する場面では自分たちの「常識」にこだわり，不毛な対立を生み出してしまうと論じています。そして，対立を克服するにはオートモードから論理的で理性的な思考を行うマニュアルモードに切り替えるべきと主張しています。

　しかしグリーンは，マニュアルモードに切り替えてもオートモードの特性に無自覚であればオートモードの結論に沿った議論に終わってしまうとしてこれまでの倫理学の議論を例に挙げ，オートモードとの関係から3つに分類しました。彼は，カントの義務論はオートモードの正当化，アリストテレスの徳倫理学はオートモードの明示的な記述，ミルの功利主義やデューイの実用主義は短期的便宜の追求によるオートモードの超越であったと言います。そして，経験を基盤に長期的幸福についての共通基準を確立する深遠な功利主義・実用主義が道徳的価値観の不毛な対立を克服する方法だとしました。

　グリーンの挙げた義務論，徳倫理学，功利主義・実用主義，深遠な功利主義・実用主義は，それぞれ苫野の挙げた正しさの決め方の4つのアプローチ「道徳・義務論的アプローチ」「状態・事実論的アプローチ」「プラグマティックアプローチ」「欲望論的アプローチ」に対応していると考えられます。しかし，グリーンと苫野の議論において，それぞれ「深遠な実用主義」と「欲望論的アプローチ」を最善の結論として論じたこと自体，自分の価値観や生き方を

正当化するオートモードの影響を受けている可能性があります。

　このことを踏まえた上で，4つのアプローチを検討してみましょう。まず「道徳・義務論的アプローチ」は，自らの信じる価値の理想を追求することで，普遍的な正しさの基準を見いだそうとします。したがって，オートモードの影響に無自覚であれば，異なる価値の理想を否定して自分の価値の理想を正当化する議論に陥ってしまいます。しかし，異なる価値の理想の中に自分と共通する価値の理想を見いだし続けるならば，人類が進化の過程で分化させてきた価値の理想の共通の根源にたどり着ける可能性が開かれます。

　次に「状態・事実論的アプローチ」は，それぞれの文化で現実に多数派が正しいと考えるものを明示することで正しさの基準を見いだそうとします。したがって，オートモードの影響に無自覚であれば，自文化の正しさを正当化して他文化を排斥する議論に陥ってしまいます。しかし，オートモードが正しいとは限らないと自覚すれば，自文化の道徳的価値の特徴と課題を明確にし，自文化の改善につなげることができる可能性が開かれます。

　「プラグマティックアプローチ」は，その都度の状況に応じてうまくいく方法を考えるので，道徳的な正しさを棚上げして，短期的な視点で利害調整を図ろうとします。したがって，オートモードの影響に無自覚であれば，双方のいずれかあるいは両方に道徳的な不満を残したままに表面的問題が解決したことにしてしまい，結果的に自文化中心主義的な感情が暴走して衝突，対立を深刻化させる恐れもあります。しかし，オートモードが大切にしている道徳的価値も考慮すべき状況に含めてうまくいく方法を考えるのであれば，対立を回避する，あるいは対立の深刻化を防ぐことができる可能性が開かれます。

　最後に「欲望論的アプローチ」は，経験を基盤に確立される長期的な幸福についての共通基準に正しさの基準を見いだそうとします。そして，苫野は共通基準を「自由」に置いているのに対して，グリーンの深遠な実用主義では資源の適正配分すなわち「公正」に共通基準を置いています。したがって，オートモードの影響に無自覚であれば，結局のところ自分の重視する価値を押し付け合うため共通基準を設定できず，話し合いが決裂する恐れもあります。しかし，オートモードが大切にする道徳的価値は，例えばジョナサン・ハイトが提唱す

る①ケア，②公正，③忠誠，④権威，⑤神聖，⑥自由のように複数の基盤から成り，それらが文化的背景などの違いにより，それぞれ異なる程度で私たちのオートモードの判断に影響を及ぼしていることを自覚すれば，すべての基盤からなる共通基準に基づいて，より多くの人々が納得できる長期的な幸福実現のための折り合いの付け方を見いだせる可能性が開かれます。

　以上4つのアプローチは第1章でも述べたように，私たちが多様な価値観を持つ人々と共に，よりよく生きていくために場面や状況に応じて柔軟に使い分けるものと捉えた方がよいでしょう。そしてオートモードとマニュアルモードの適切な使い分けのためには，私たち人類に生まれつき備わっている道徳性と進化の過程で獲得した道徳性について理解する必要があります。

　認知心理学者マイケル・トマセロらの実験によれば，1歳児でも他者の行動の目的や意図を読み取って手助けをしようとする利他的行動が見られます。その後3歳を過ぎた頃から利他的行動を抑制し，過去に何かを分け合ってくれた者への利他的行動を優先する互恵的利他主義の傾向が現れます。これによって子どもは互恵的な行動を行う「わたしたち」を意識するようになり，互恵的な行動を取らない者を処罰するようになります。ここから協力の規範が生まれますが，それに加えて子どもには大人との協働行為を通して「これはこうするものだ」「これが『わたしたち』のやり方だ」と判断し，行動する同調の規範も生まれます。互恵的利他主義は集団で協力し合う行動を促進する反面，集団において人々が協力し合うように仕向けるために敵を特定し，「かれら」が「わたしたち」を脅かしていると非難する傾向ももたらします。この傾向こそが，社会に対立や闘争が絶えない原因となっています。

　これに対して認知神経科学者マイケル・ガザニガは，人類に生まれつき備わった利他的行動は，小集団の狩猟生活において協力し合うことに適合的でしたが，大規模な集団で定住生活をするようになったことで攻撃性と競争心を和らげて自分で自分を飼いならすようになったと考えています。そのため，生まれつき備わった傾向や小集団での狩猟生活で備わった傾向が，道徳的問題に対する直感的で感情的な反応（グリーンのオートモード）をもたらし，その反応が持つ傾向に意識的でなければ，理性によって直感的で感情的な反応を後付け

で合理化することになります。そして，その合理化の仕方は文化や時代によって異なりますが，無意識に反応を引き起こす直感的で感情的な反応については①ケア，②公正，③忠誠，④権威，⑤神聖，⑥自由といった共通の道徳的基盤があるとするハイトの主張を引用しているように，すべての人類に共通であるとガザニガは考えています。

　ガザニガの議論を発展させれば，人類は原始的な道徳的反応（オートモード）の共通基盤の各要素に対する重点の置き方を変えながら，それぞれの文化・文明や環境の中で正しさを決める様々なアプローチを確立し，適用しながらマニュアルモードの道徳性を進化させてきたと言えるでしょう。そして，それぞれのアプローチにメリット・デメリットがあるにもかかわらず，それぞれのアプローチの提唱者が「正しさ」を主張し，他のアプローチの提唱者と対立する傾向はオートモードの合理化によるものと考えられます。そうであるならば，小集団による狩猟生活から大規模集団での定住生活に移行した際に道徳性を進化させたように，現代の私たちは地球規模で関わり合いをもつ社会でのグローバルなコミュニケーション生活への移行に伴って道徳性を進化させることが求められているのではないでしょうか。そして，道徳性の進化につながる要素として，オートモードの影響に対する自覚的対応と複数のマニュアルモードの使い分けが挙げられると考えられます。そこで，オートモードとマニュアルモードの性質をもう少し深く探りながら，理想主義と現実主義を融合する視点について考察します。

3．理想主義と現実主義を融合する視点

　道徳的な思考が直感的で感情的な反応によるオートモードと，論理的で理性的な思考によるマニュアルモードの二重のプロセスで行われているとするグリーンと似た議論は，行動経済学者ダニエル・カーネマンや社会心理学者ジョナサン・ハイトにも見られます。カーネマンは自動的で高速に働く直感的反応をシステム１，意識的で注意力を要する高度な知的活動をシステム２と呼び，リスクや損得に関わる意思決定にそれらがどのように働いているかを論じまし

たが，システム1の反応の中には不公平さに対する報復感情のような道徳的な思考も含まれています。また，ハイトは道徳的な思考における情動や直感などの自動的なプロセスと，理由を考えるなどの意識によってコントロールされたプロセスを象と乗り手に喩えて論じています。

3者の捉えにおおよそ共通する内容として，次のようなことが挙げられます。
① オートモード（システム1・象）
・意識的な努力なしに，効率よく自動的かつ高速に機能し，止めることができないこと
・物理的距離が近く，慣れ親しんだ人やモノに好感を抱き，同調したり援助したりしようとする反面で，協力しない者や同調しない者を処罰したり排除したりしようとするように，善か悪か，敵か味方か，安全か危険かの二分法的な捉えをすること
・瞬時に行う目先の判断に優れていること
② マニュアルモード（システム2・乗り手）
・普段はあまり動作せず，必要なときにオートモードの監視，誘導，注意の方向付けをしようとすること
・オートモードの判断の理由や証拠を探してくること
・オートモードの感情や衝動が強い場合には，しばしばオートモードの判断を追認して正当化すること
・判断に時間と労力を必要とすること

3者の相違点としては，オートモード（システム1・象）とマニュアルモード（システム2・乗り手）の力関係の捉え方や，そこから生じる問題への対処法が挙げられます。グリーンはオートモードをマニュアルモードに切り替える，すなわち共通の価値基準を見つけ出すことで，オートモードの力をコントロールすることができると考えています。カーネマンは，システム1の影響を消すことはできないので個人では合理的な判断ができないけれども，理性的に誤った判断であることを知って組織や集団で対処することで，よりよく付き合うことができると考えています。ハイトは大きな象の進む方向を乗り手は力ずくでは変えられないけれども，象の性質を理解し，手なずけることで折り合いを付

けることができると考えています。さらに，ハイトは，人類の進化の過程で象の役に立つからこそ乗り手が進化すると考えています。

　筆者は，グリーンのように単にマニュアルモードに切り替えて共通の価値基準を探せば対立を解消することができるとは考えませんが，グローバルなコミュニケーション環境に適応する形で，ハイトの言う乗り手の進化をさらに進めれば，オートモードによる対立に折り合いを付けることができると考えます。

　現代のグローバルなコミュニケーション環境では，道徳的な問題について対立する意見双方の主張とその根拠を知ることは極めて容易になっています。オートモードで自分と対立する主張に接すれば，相手が間違っている根拠だけを探し，相手に悪あるいは敵のレッテルを貼る裁きの善悪観に従ってコミュニケーションを拒絶することになります。しかし，オートモードには似ている者に共感し，支援しようとする感情もあります。もしも，自分と対立する相手に対して自分も同じ立場に置かれたら，程度の差はあっても同じような言動をするかもしれないと考えてみたらどうでしょう。もちろん，自分が直接の当事者となっている道徳的問題で，いきなりこのように考えることは不可能に近いでしょう。しかし，インターネット上で日常的に見られる道徳問題についての論争であれば，対立する双方の当事者の立場に立ってみながら擬似的な当事者として捉える練習をすることができます。

　このような善悪の捉えを「共感の善悪観」と呼ぶことにします。図2-1の

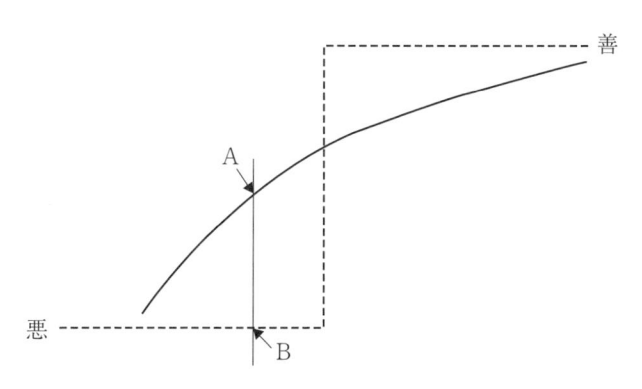

図2-1　共感の善悪観と裁きの善悪観

破線に示したように，裁きの善悪観は善か悪かの二分法で捉え，人間は常に正しい行為やよい生き方をするべきだから，悪い行為をした他者を自分とかけ離れた悪人（図のBにいる）と捉えます。これに対して，実線に示したように共感の善悪観は善悪を連続した斜面の移動で捉えて，人間は過ちや失敗を犯すものだから，他者の悪い行為について，自分も似た状況に置かれれば程度の差はあっても同じようなことをしてしまうかもしれない（図のAにいる）と捉えます。このような共感的な捉え方はオートモードに元々備わっており，私たちは自分自身や身内には無意識に適用しています。しかし，マニュアルモードで意識的に善悪を連続した斜面の移動で捉えれば，善悪を単に高さだけでなく，移動方向や移動速度の視点からも捉えることができます。例えば，同じ図のAにいる人でも右上に向かって移動している（悪い行動や習慣を改善しつつある）人と左下に向かって移動している（悪い行動や習慣が深刻化しつつある）人とでは，前者の方がよりよく生きていると判断できます。

　裁きの善悪観は，オートモードでは直感的で素早く道徳的な判断を下して対応ができますが，その場の印象によって判断するので誤った判断になることもあります。マニュアルモードでは道徳的な問題について何が原因でどこが悪いのかを明確にすることができますが，印象や感情の影響を強く受けるとよい部分を無視して悪い部分ばかりをあげつらうこともあります。共感の善悪観は，オートモードでは道徳的な問題を寛容に受け止める姿勢につながりますが，自分や身内をかばって問題を先送りしてしまうこともあります。マニュアルモードでは時間をかけて問題の背景や状況を理解しながら問題の時間的な変化を捉えることができますが，問題と折り合いを付けることになりやすく，責任をうやむやにしてしまうこともあります。

　このように私たちは，オートモードでは自分に危害を加える相手や自分とは異なっていると感じる相手に対して裁きの善悪観を適用し，自分や身内に対して共感の善悪観を適用する傾向があります。これをマニュアルモードで意識的に逆転させて，自分に危害を加える相手や自分とは異なっていると感じる相手に共感の善悪観を適用し，裁きの善悪観の捉え方と併せて複眼的な思考をすることができれば，道徳的な正しさが対立した場合でも相手の主張とその背景を

理解し，自他の部分的な正しさを尊重しながら問題に折り合いを付けるための話し合いを継続できる可能性が開かれます。

　私たちは，誰もが共通の道徳的な基盤を持ちながらも，それぞれの文化的環境的な背景の違いによって，様々な「正しさ」に対する感性と正しさを決めるアプローチを発展させてきました。私たちはそれらを対立，相反するものと捉えがちですが，相補的なものと捉えなおすことで理想主義と現実主義を融合できる資質・能力を身に付けることも，グローバル社会を生き抜くために必要な道徳性の進化と言えるかもしれません。

【参考文献】
ジョシュア・グリーン（竹田 円 訳）『モラル・トライブズ』岩波書店　2015年
ジョナサン・ハイト（高橋 洋 訳）『社会はなぜ左と右にわかれるのか』紀伊国屋書店　2014年
マイケル・トマセロ（橋彌和秀 訳）『ヒトはなぜ協力するのか』勁草書房　2013年
マイケル・ガザニガ（藤井留美 訳）『〈わたし〉はどこにあるのか』紀伊国屋書店　2014年
ダニエル・カーネマン（村井章子 訳）『ファスト&スロー 上・下』早川書房　2012年

第3章
道徳授業のねらいに基づく8類型

1．理想主義と現実主義，行為主義と人格主義の視点

　第2章で説明したように，私たちの道徳性は，人類に共通する原始的で基盤的な道徳的反応の土台の上に，正しさを決める多様なアプローチを進化させる形で現在に至っています。オートモード（システム1・象）と呼ばれる基盤的な道徳的反応の中には，私たちがよりよく生きるために必要なものもありますが，場面や状況によっては方向修正をした方がよいものもあります。また，オートモードに基づいて進化させてきたマニュアルモードについても，グローバルなコミュニケーション環境に対応して，場面や状況に応じて複数のアプローチを使い分けられることが必要になりつつあります。

　本章では，こういった現代的な課題に対応できる道徳性を育てる道徳授業を行うために，正しさを決める複数のアプローチに基づいて，道徳授業のねらいを理想主義と現実主義，および行為主義と人格主義の2軸からなる平面上に位置付けてみることを提案します。これによって，ねらいに則した授業方法を選択したり，複数の授業方法を組み合わせることで個々の授業方法のデメリットを補う方法を検討したりしながら，自らの授業スタイルを確立し，改善し続けることが可能になります。そして，子どもたちも，正しさを決めるアプローチの多様性に触れながら，場面や状況に応じた柔軟で複眼的な捉え方に基づいて自らの生き方・在り方について考え，議論することができるでしょう。

　図3-1の縦軸は上に行くほど理想主義的傾向，下に行くほど現実主義的傾

第3章 道徳授業のねらいに基づく8類型　27

```
              理想主義的傾向
              (理想追求型)
                    ↑
                    │
          (1) 行為の理想    (2) 価値の理想    (3) 生き方の理想
            追求型授業      追求型授業       追求型授業
                 ↖           ↑            ↗

          (8) 行為スキル                    (4) 人格の向上
            追求型授業      ←     →          追求型授業

                 ↙           ↓            ↘
          (7) 行為判断力    (6) 状況適応    (5) 集団の成長
            追求型授業      追求型授業       追求型授業
                    │
                    ↓
行為主義的傾向                              人格主義的傾向
(行為・スキル追求型)                        (生き方・人格追求型)
              現実主義的傾向
              (状況考慮型)
```

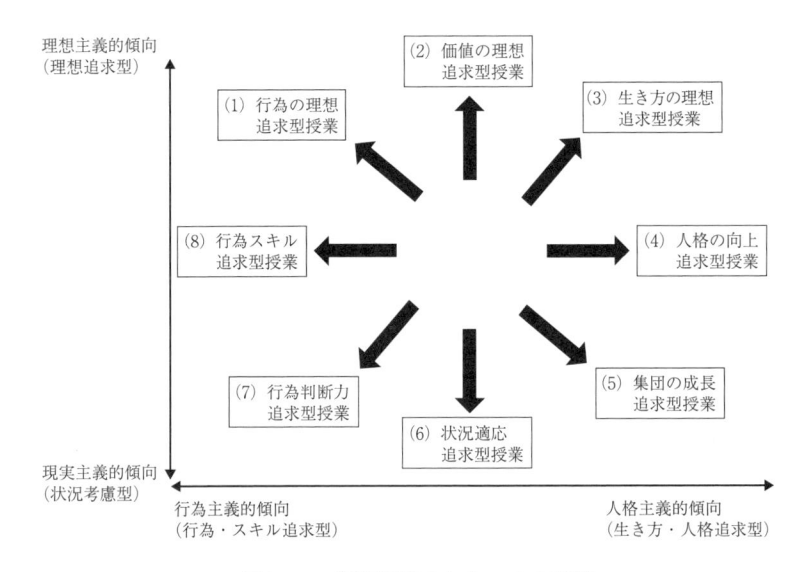

図3-1　道徳授業のねらいの8類型

向が強いことを示し、横軸は左に行くほど行為主義的傾向、右に行くほど人格主義的傾向が強いことを示しています。そして、8方向の矢印は、道徳授業をそのねらいの持つ傾向によって8つに類型化できることを示しています。例えば左上へ向かう矢印は理想主義と行為主義の両方の傾向を持ち、真上へ向かう矢印は理想主義の傾向を持つことを示しています。矢印の先の枠内には(1)～(8)のそれぞれの授業が追求するねらいを簡潔に示しました。

　道徳授業のねらいに即して捉えると、理想主義的傾向とはあるべき理想の姿を追求する傾向であるのに対して、現実主義的傾向とは現実の状況によりよく適応することを追求する傾向です。そして、行為主義的傾向とはある場面での行為の在り方に主眼を置いて考える傾向であるのに対して、人格主義的傾向はより長期的な視点から習慣や生き方、人格の向上に主眼を置いて考える傾向です。

　次に道徳授業の8つの類型について、その特徴と身に付けられる資質・能力、メリット・デメリットとデメリットへの対応策を示します。

2．道徳授業の8類型

(1) 行為の理想追求型

行為の理想追求型授業は，理想的な行為のよさを理解させることにねらいを置く，理想的行為主義の授業です。資料の登場人物に共感させながら，よい行為をすればよい心情になり，悪い行為をすれば悪い心情になることを理解させる，心情理解の道徳授業がこの類型に分類されます。典型的な発問例として，「（主人公が）○○したとき，どんな気持ちになったでしょうか」が挙げられます。身に付けられる資質・能力としては，一定の地域や集団において，多くの人々が望ましいと感じる行為の理想形を共感的に理解した上で，よりよい行為を探究する力が挙げられます。

行為の理想追求型授業のメリットとしては，道徳的な問題場面における望ましい行為や望ましくない行為の在り方をわかりやすく伝えたり，探究させたりすることができることが挙げられます。デメリットとしては，子どもたちが理想的な行為をそのごとくに従うべきマニュアルのように受け止めてしまうと行為が形式的なものになってしまうこと，そして，理想的な行為を場面の状況によらずに通用するよう一般化しすぎた指導を行うと，抽象的で非現実的な行為という理解に留まって，生活での実践につながらなくなることが挙げられます。

デメリットへの対応策として，子どもたちがあまり経験していない，あるいは経験しているが問題があることに気付いていない現実の場面や状況と関連付けて教材の場面を捉えさせる工夫をすることで，望ましい行為がどんな場面や状況に適用可能かを含めて理解させる方法があります。

(2) 価値の理想追求型

価値の理想追求型授業は，道徳的価値に対する知的理解を深めることにねらいを置く，理想主義の授業です。資料に表現された道徳的価値を読み取らせて，それを手掛かりにその道徳的価値の内容について考えさせ，表現させる価値主義的授業がこの類型に分類されます。典型的な発問として，「本当の○○（道徳的価値）とは何でしょうか」が挙げられます。身に付けられる資質・能力と

しては，異なる視点や考え方から学ぶことで，価値の理想を探究する力が挙げられます。

　価値の理想追求型授業のメリットとしては，価値の理想を言語化し，表現し合うことによって，道徳的価値に関する思考を深めたり視野を広げたりすることができることと，現実の状況に左右されない行為や生き方の指針を持たせることができることが挙げられます。デメリットとしては，価値の理想の表現が抽象的なものになりがちで，現実の状況との接点を失いやすいことと，特定の価値の理想の実現にこだわりすぎると，対立や衝突を生み出しやすいことが挙げられます。

　デメリットへの対応策として，教材の場面を子どもたちが日常生活で経験する場面と関連付け，その場面での価値の理想を実現する行為や生き方について考えさせることと，価値の理想のよさだけでなく，過度に追求した場合に生じうる問題についても考えさせる方法があります。

(3) 生き方の理想追求型

　生き方の理想追求型授業は，資料の人物の理想的な生き方に含まれる道徳的価値の理解を深めることにねらいを置く，理想的人格主義の授業です。偉人の伝記から学ぶ授業がこの類型に分類されます。典型的な発問として，「その偉人はなぜ○○したと思いますか」「その偉人の生き方を支えたものは何でしょうか」が挙げられます。身に付けられる資質・能力としては，一定の地域や集団において，多くの人々が望ましいと感じる生き方の理想を共感的に理解した上で，よりよい生き方を探究する力が挙げられます。

　生き方の理想追求型授業のメリットとしては，先人の生き方から望ましい生き方や人としての在り方を伝え，それらを手掛かりに子どもたち自身にとっての望ましい生き方や在り方を探究させることができることが挙げられます。デメリットとしては，人物の生き方や在り方の望ましい側面だけを抜き出したり，時代的な背景や周囲の人々との関わりから切り離したりして理想化してしまうと，実現不可能な生き方や在り方と受け止められてしまいやすいことが挙げられます。

デメリットへの対応策として，その人物を支えた人々や時代背景との関係から，人物の生き方や在り方を悪い面も含めてありのままに理解させた上で，程度の違いはあっても自分にもその人物と似た側面があるという「連続性と程度の差異の捉え」から，子どもたち自身の生き方や在り方とつなげて考えさせる方法があります。

（4）人格の向上追求型

人格の向上追求型授業は，人格の成長につながる習慣や生き方を身に付ける意欲を高めることにねらいを置く，人格主義の授業です。米国で行われている人格教育（Character Education）の実践や，日本型人格教育の道徳的習慣形成の授業がこの類型に分類されます。日本型人格教育は，道徳的な習慣を身に付けた結果，自分や自分を含む集団の生き方がどのように変化するかをイメージさせることで，その後の生活における習慣形成の実践意欲を高める授業を行った後，日常生活での習慣形成の実践につなげていくものです。典型的な発問として，「○○する習慣を身に付けたら（○○することを続けたら）○か月（○年）後にどんな生き方をしているでしょう」が挙げられます。身に付けられる資質・能力としては，よりよい習慣を身に付け，早期に気付いて悪い習慣を改善することで，よりよい生き方を実現する力が挙げられます。

人格の向上追求型授業のメリットとしては，日常の小さな行為を積み重ねていけば，自分自身や周囲の人々の生き方や在り方が変化することに気付かせることで，よい習慣を身に付け，悪い習慣を改めようとする意欲を高めることができることが挙げられます。デメリットとしては，習慣の意義や目的を理解せずに形式的に守るべきものと受け止めてしまうと，環境や状況の変化によって習慣が適合しなくなったり消えてしまったりしやすいことが挙げられます。

デメリットへの対応策として，日本型人格教育で実践されているように一定期間よい習慣を実践的に身に付けさせる場を設定し，自分の習慣を定期的に振り返らせてそのよさを実感させるとともに，習慣の形式化が生じている場合にはその自覚を促し，修正を図らせる方法があります。

（5）集団の成長追求型

　集団の成長追求型授業は，集団の成長につながる習慣や生き方を身に付ける意欲を高めることにねらいを置く，現実的人格主義の授業です。当事者研究的道徳授業は，この類型に分類されます。当事者研究的道徳授業は，読み物資料の主人公を仮想的な当事者とし，子どもたちが仮想的な当事者の立場に立って自分（当事者）を語ることで，問題行動とその行動をした人物を切り離して考えながらも当事者と問題を共有し，その問題に向き合って問題とよりよく付き合う方法を研究する形で道徳授業を行う方法です。典型的な発問として，「○○（よくないこと）をしてしまうのはどんな時（状況）ですか。そのような時，どうすればよいでしょうか」が挙げられます。身に付けられる資質・能力としては，自他の違いを「連続性と程度の差異の捉え」から受け止めながら，個人と集団の成長を両立させるために主体的に貢献する力が挙げられます。

　集団の成長追求型授業のメリットとしては，自分の生き方や在り方が集団の在り方と相互に関わっていることに気付かせることで，集団の成長に主体的に関わろうとする意欲を高めることができることが挙げられます。デメリットとしては，集団の在り方が自分の生き方や在り方に影響を及ぼす側面を強調しすぎると，自己を成長させる責任を集団の問題に転嫁してしまいやすいことが挙げられます。

　デメリットへの対応策として，一定期間，集団の成長に関わる活動を実践する場を設定し，定期的に振り返らせることで集団の成長と自身の成長を実感させる方法があります。

（6）状況適応追求型

　状況適応追求型授業は，現実生活の状況を適切に理解し，自他の行動の結果について現実的かつ多様な可能性を想定できるようにすることにねらいを置く，現実主義の授業です。モラル・アフォーダンス獲得の道徳授業は，この類型に分類されます。アフォーダンスとは，J.ギブソンが提唱した，環境が人間や動物に一定の認識や行動を誘発する状況，あるいは人間や動物の認識や行動によって環境に誘発される状況のことです。そして，モラル・アフォーダンス

とは，社会的なアフォーダンスの中でも比較的時間スパンが短く，蓋然性の低いもので，主体の欲求，衝動，要求，他者への期待と他者のそれらとの対立，衝突や不一致が生じている状況，あるいは生じることが予想される状況において立ち現れ，主体に道徳的行為を要請するアフォーダンスのことです。モラル・アフォーダンス獲得の道徳授業とは，現在の状況がこのまま続けば何が起こるか，そして自分がある行為をすれば何が起こりうるかを多様な観点から適切に予期すること，すなわち適切かつ多様な予期的意識を形成することによって，より適切なモラル・アフォーダンスの探索，形成，利用ができるようになり，子どもたちが環境や状況に応じて自らの行為が自他にもたらす影響を考慮しながら主体的に判断し，行動できるようになるための授業です。典型的な発問として，「○○をしたら，その後どうなるでしょうか」が挙げられます。身に付けられる資質・能力としては，自他の行為の結果について複数の可能性を重み付けて見積もることで，柔軟な見通しをもって対応する力が挙げられます。

　状況適応追求型授業のメリットとしては，自他の言動によって生じうる事態は複数あることに気付かせることで，思い込みから生じる人間関係の問題に柔軟に対応する力を育てられることが挙げられます。デメリットとしては，人間関係を円滑にすることのよさを強調しすぎると，処世術を身に付けさせるに留まり，不正や不平等などの問題を看過してしまいやすいことが挙げられます。

　デメリットへの対応策として，状況に適応するだけでなく，対立することで生じる事態についても複数の可能性を想定させるとともに，それらの可能性のそれぞれに関連する道徳的価値について考えさせる方法があります。

（7）行為判断力追求型

　行為判断力追求型授業は，道徳的問題状況において取りうる最善の行為を選び取る判断力を高めることにねらいを置く，現実的行為主義の授業です。複数の道徳的価値が両立しない場面を提示して，「どちらを選ぶか」「その理由は何か」について議論することで，道徳的判断力を高めるモラルジレンマ授業や，道徳的問題場面を提示して，最善の問題解決策を考えさせる問題解決型の道徳授業は，この類型に分類されます。典型的な発問として，「○○をすると考え

たのはなぜでしょうか」「問題の最善の解決策は何でしょうか。なぜその解決策を選んだのでしょうか」が挙げられます。身に付けられる資質・能力としては，問題状況において可能な行為とそのメリット，デメリットを考えることで，望ましい行為を判断する力が挙げられます。

　行為判断力追求型授業のメリットとしては，道徳的な問題場面における解決策となる行為とその理由について検討させることで，よりよい行為についての思考力や判断力を高めることができることが挙げられます。デメリットとしては，解決策を求めることを目的としてしまうと，問題解決策がマニュアル的に受け止められ，現実の状況に適用できなくなってしまいやすいことが挙げられます。

　デメリットへの対応策として，解決策よりも解決策に至る過程での思考方法や視点，視野の広さなどについて振り返らせることで，現実の問題に適用できる資質・能力を身に付けさせる方法があります。

(8) 行為スキル追求型

　行為スキル追求型授業は，道徳的行為のシミュレーション的実践への共感に基づいて，望ましい行為に対する実践意欲を高めることにねらいを置く，行為主義の授業です。道徳的問題状況において望ましい行為の在り方を考えさせ，ロールプレイを通してその行為のよさに共感させることで，望ましい行為スキルを身に付けさせようとするモラル・スキル・トレーニングは，この類型に分類されます。典型的な発問として「（ロールプレイをしてみて）どんな気持ちになりましたか」が挙げられます。身に付けられる資質・能力としては，理性と感情に配慮しながら，よりよい行為を選び取ろうとする力が挙げられます。

　行為スキル追求型授業のメリットとしては，道徳的な問題場面における望ましい行為の在り方をロールプレイによって検討し，練習することで実践に移す意欲を高めることができることが挙げられます。デメリットとしては，望ましい行為の在り方をマニュアル的に受け止めてしまうと，現実の状況に応じて修正する柔軟性を失ってしまいやすいことが挙げられます。

　デメリットへの対応策として，望ましい行為の在り方は各自の個性や状況に

応じて変化し，多様であることに気付かせ，他のグループの望ましい行為の在り方もロールプレイしてみて，そのよさを実感させる方法があります。

3．複数類型の連携による授業改善の可能性

　以上，8つの授業の類型について，一度にすべてを理解し，実践することは難しいと思います。まずは第4章から第6章を参考にしながら，自分自身がやりやすい，あるいはやってみたいと思う類型に沿う形で教材分析をしてねらいを設定し，学習指導案を作って授業を行ってみましょう。そして，それぞれの授業方法についてそのメリットを伸ばし，デメリットを少なくできるよう改善に取り組みながら，その授業方法がどのような内容項目，教材，ねらい，子どもたちの状況に適しているかについて考察を深めるとよいでしょう。また，第15章を参考にしながら，校内研究会など他の教員の道徳授業を参観する機会に，その授業のねらいや発問が8つの授業のどの類型に近いかという視点から学習指導案や授業を見てみると，自分の授業スタイルとの違いや参観した授業のよさと課題を明確に捉える上で役立ちます。

　その上で，実践編の第7章では各類型についてのねらいと発問例を，第8章では様々な教材分析の視点を，第9章では発問分析による授業改善の方法を示しますので，それらを参考にして，よりよい授業へと改善していくとよいでしょう。その際，本章の図3－1の8類型を参照してください。図中の8つの矢印は各授業方法のねらいの志向性を，矢印が隣接する方法同士は類縁性を，矢印の向きが反対の方法同士は相補性をそれぞれ示していますので，特に現在用いている方法に隣接する方法や矢印の方向が正反対の方法の中に，自分の授業の課題を克服する手掛かりを求めることができるかもしれません。

　その場合には，一つの授業の中の発問の一部に異なる方法の発問を取り入れてみたり，あるいは，方法の異なる複数の授業を組み合わせて一つの単元を構成してみたりする形で検討するとよいでしょう。このように複数の方法を連携させることで身に付けられる資質・能力として，時間・空間に関して短期的・長期的視点や自己・周囲・社会・自然に対する視点から複眼的に捉えようとす

る力が考えられます。

【参考文献】
吉田誠・村田裕紀「リコーナの人格教育に基づく道徳的習慣形成の方法の実践と検証」
　『道徳と教育55』日本道徳教育学会　2011年，147-157頁
石原孝二編『当事者研究の研究』医学書院　2013年
吉田誠「問題解決的な学習としての当事者研究的道徳授業の可能性と課題」『山形大学
　教職・教育実践研究11』2016年，69-78頁
Ｊ．Ｊ．ギブソン（古崎 敬 訳）『生態学的視覚論』サイエンス社　1985年
エドワード.Ｓ.リード（佐々木正人 監訳）『アフォーダンスの心理学』新曜社　2000年
柳沼良太『問題解決型の道徳授業』明治図書　2006年
林泰成『モラルスキルトレーニングスタートブック』明治図書出版　2013年

第4章
道徳授業の発問の構成法

1. ねらいの設定

　道徳科の学習におけるねらいを考えるにあたって，まず，「特別の教科　道徳」の目標を確認します。学習指導要領「第3章　特別の教科　道徳」の「第1　目標」には，次のように書かれています。

> 第1章総則の第1の2に示す道徳教育の目標に基づき，よりよく生きるための基盤となる道徳性を養うため，道徳的諸価値についての理解を基に，自己を見つめ，物事を多面的・多角的に考え，自己の生き方についての考えを深める学習を通して，道徳的な判断力，心情，実践意欲と態度を育てる。

　「特別の教科　道徳」の目標は道徳性を養うことにあります。そのために，道徳科の学習においては，「道徳的諸価値についての理解」「自己を見つめる」「物事を多面的・多角的に考える」「自己の生き方についての考えを深める」の4つの視点が重要だと述べられています。
　道徳科の学習のねらいとは，この4つの様相をベースとして，「道徳性の育成のために，どのような学習を通して，どのような児童の姿を求めたいのか」を明らかにしたものなのです。では，具体的に，どのようにしてねらいを設定していくのかについて，順を追って考えてみましょう。

(1) 年間指導計画を確認する

　年間35時間の道徳科の学習は，各学校で作成された全体計画及び年間指導計画に基づいて実施されます。年間指導計画は，学校の教育活動全体を見据え，道徳科の教科書の教材を各教科の学習内容や行事等に合わせて配列した計画です。

　年間指導計画には，「内容項目（主題名）」「使用する教材と主題構成の理由」「学習指導過程と指導の方法」「他の教育活動との関連」などが記載され，内容項目から考えられる一般的な「ねらい」も書かれています。これらを踏まえ，道徳科の学習をより実効性のあるものにするための「本時のねらい」を考えることが重要なのです。

(2) 『学習指導要領解説　特別の教科　道徳編』を確認する

　年間指導計画で本時の教材や内容項目を確認したら，『学習指導要領解説　特別の教科　道徳編』の「内容項目の解説」を読んでおきましょう。

　この解説には，内容項目を端的に表す言葉を付記したものが見出しとして示されています。そこには，「内容項目の指導の観点」として，特に留意すべき事項や，指導に際して参考としたい考え方などが，低・中・高学年別に整理されています。「道徳的諸価値についての理解」という視点から，本時のねらいを的確に設定するためにも，『学習指導要領解説　特別の教科　道徳編』を確認することが大切です。

(3) 内容項目を踏まえて教材を分析する

　内容項目についての確認をした上で，本時の学習で用いる教材を分析します。「本時のねらい」を考えるためには，その教材で，ねらいがどのように達成されるのかという道筋を，教師がイメージできることが大切です。そのために，教材の中心となる場面とそこに含まれる多様な考え方について，内容項目をベースにして，教師自身の考えを深めていきます。この営みが，道徳科において教材を分析するということなのです。

（4）授業全体を貫く「本時のねらい」を設定する

　内容項目の理解と教材分析によって，本時の学習の核となる部分が見えてきたところで，いよいよ「本時のねらい」を設定します。ここで設定する「本時のねらい」は，年間指導計画に記載されている「ねらい」とはある意味別物です。年間指導計画に書かれた「ねらい」は，よく言えば「一般的な表現」ですが，別の言い方をすれば，「内容項目が一緒なら，どの教材でも同じ」ような文言となりがちなのです。その程度の「ねらい」では，「教材」と「教師」と「子どもたち」の3つで構成される学習の姿を，より具体的に表現することはできません。授業全体を貫くブレのないねらいとして，「本時のねらい」を設定したいものです。

　「本時のねらい」では，道徳的諸価値についての自らの生き方を見つめることによって，本時の学習でどのように道徳性を育てていきたいのかを明確に書くことが重要です。また，それが道徳科の学習のどのような活動を通して達成されるのかについても，具体的に表記することが望ましいでしょう。従来の道徳の時間の学習では，「ねらいには，価値に関する内容を簡潔に記すべきである」といわれることがありました。しかし，道徳科においては，「児童の学習状況の把握を基に評価を行う」ことが明示されています。指導と評価を一体的に捉えるためには，学習指導過程で期待する児童の学習活動を具体的な姿で表しておくことが必要です。ねらいにおいても，本時の学習について具体的に表しながら，育てたい道徳性（道徳的判断力，心情，実践意欲と態度のいずれか）を明確に表現した方がよいでしょう。

（5）複数の内容項目を関連付けた学習を構想する場合

　道徳科の学習で現代的な課題を扱う場合について，『学習指導要領解説　特別の教科　道徳編』には次のような記述があります。

> これらの諸課題には多様な見方や考え方があり，一面的な理解では解決できないことに気付かせ，多様な価値観の人々と協働して問題を解決していこうとする意欲を育むよう留意することが求められる。そのためには，例えば，複数の内容項目を関連付けて扱う指導によって，児童の多様な考え方を引き

出せるように工夫することなどが考えられる。

　複数の内容項目を関連付けて授業を構想することで，児童の多様な考え方を引き出すことができますが，留意しておきたいこともあります。それは，本時の中心となる内容項目とそれに関連する内容項目とを明確に位置付けておくことです。いろいろな考え方が予想されるからと言って，無秩序に内容項目やそこに含まれる諸価値を羅列しただけでは，本時の学習に大きなブレを生じさせる結果となります。あくまで，中心となる内容項目を明確に位置付けた上で，それを他の諸価値の側面からどのようにして深めていくかについて書くことが大切です。

2．発問の類型

　道徳教育に関する書籍に目を通すと，「○○発問」と呼ばれるものの多さに気付きます。この「○○発問」ですが，その意味がある程度共通理解されているものもあれば，それぞれの主張によって独自の意味付けがなされているものもあります。この項では，それらを具体的に整理しつつ，本書のテーマである道徳の授業方法の類型化も加味して，発問を類別します。

(1) 道徳科の学習指導過程における類別

　道徳科の学習指導過程は，どのような指導法であったとしても，一般的には教師の発問によって進められます。導入から展開，終末へと授業が進む中で，その要所で発問が設定されるのですが，その役割によって以下のように類別できます。

　①基本発問
　　本時の学習の話し合いを進める上で必要な問いとして設定する発問。
　②中心発問
　　基本発問の中で，本時のねらいに迫るための中心的な問いとして設定する発問。

まずこの2つが，大くくりの発問を示す言葉として用いられます。そのうえで，この2つを補うものとして，以下の2つを加えることがあります。
③学習テーマ（テーマ発問）
　　学習の最初の段階で，本時の大きな方向性を示す発問。他の発問と比べ，子どもたちへのねらいの提示というニュアンスが強い。
④補助発問
　　中心発問などで，より深く考えるために加えたり切り返したりする発問。

（2）発問の対象による類別

　（1）に示した発問群で構成される道徳科の学習ですが，それぞれの発問の対象が「教材について」なのか，「児童の生活経験について」なのかによって，問いそのものが変わってきます。また，教材に対する問いであっても，その教材の何を問うのかによって，発問のもつ意味が大きく変わります。永田繁雄（東京学芸大学）は，発問の対象による類別を「発問のもつさまざまな『大きさ』」に着目して，以下のようにまとめています。

　　（ⅰ）場面を問う発問
　　　　ある場面での人物の気持ちやその理由などを問う
　　　　「○○はどんな気持ちか」「その時○○は何を考えているか」
　　（ⅱ）人物を問う発問
　　　　人物の生き方やそれに対する子どもの考えを問う
　　　　「○○はどんな人か」「○○についてどう思うか」
　　（ⅲ）資料を問う発問
　　　　資料のもつ意味やそれについての子どもの考えを問う
　　　　「この話にどんな意味があるか」「この話をどう思うか」
　　（ⅳ）価値を問う発問
　　　　主題やねらいとする価値そのものについて問う
　　　　「友情についてどう考えるか」「自分の友情はどうか」

　永田は，発問の対象の大きさが（ⅰ）から（ⅳ）へと大きくなっているとしています。（1）に示した類別と重ね合わせて考えると，（ⅰ）は基本発問や補助発問

で用いられることが多く，(ii)から(iv)は中心発問や学習テーマ（テーマ発問）で用いられることが多いといえます。

(3) 授業構成の意図による類別

　第1章の1「道徳教育における信念対立とは」で述べたように，道徳教育の指導方針や指導内容に対しては，様々なアプローチが考えられます。

　教師は，本時の学習におけるねらいと，そこに含まれる道徳的諸価値について，子どもたちがどのように考えを深めていくのかということを豊かにイメージして授業を構想します。その構想のために，これらのアプローチは，本時の学習の方向性を決定付ける重要な鍵になると考えます。実際の授業場面では，本時の学習における内容項目を自己の生き方に返す場面で，その真価を発揮します。本時の内容項目と道徳的諸価値について，子どもたちの実態から何を求め，生き方や在り方にどのように返していくかについての教師の授業構成の意図により，同じ教材や内容項目であっても，用いられる問いのパターンは異なるものです。

　具体的に「家族愛」の内容項目を例にして展開後段の発問を考えると，以下のように類別できます。

　①理想を追い求める発問
　　「家族を大切にするために，自分はどうありたいか」
　　自分が理想とする行動や生き方について，道徳的諸価値との関わりで見つめなおすタイプの問い。
　②現実と向きあって判断をうながす発問
　　「〇〇な状況の時，あなたなら家族のためにどうしますか」
　　具体的な現実の生活を見つめ，そこでとるべきと考える行為について，道徳的諸価値に照らして判断をうながすタイプの問い。
　③よりよい行為の在り方を求める発問
　　「自分がどのように行動することが，家族を大切にすることになるのだろう」
　　道徳的諸価値に関する子どもたちそれぞれの視点に立ち，具体的な行為の

在り方について考えを深めるタイプの問い。
④互いの共通了解を見いだす発問
「立場の違いはあっても，家族を大切にする行為に共通しているといえるのはどんなことか」
多様な視点に立ちながらも，互いに折り合いを付けることのできる共通了解を見いだしたり，様々な行為の根底にある道徳的諸価値の核となる部分を見いだしたりするタイプの問い。

　子どもたちがよりよく生きるための道徳科の学習ですから，授業構成によって自分を振り返る発問のタイプを変えてみることを大切にしましょう。

3．発問の構成法

　道徳における多くの授業は，2.で示したような様々なタイプの発問によって構成されます。実際に授業を構想すると，その構成に苦慮することが多いものです。授業研究会などの場で，実践者から，「中心発問で話し合いが活発にならなかった」とか，「ねらいとする内容にまで至らない発問構成だった」などの反省の言葉を聞くことも，決して珍しいことではありません。周到に準備したはずの発問群が，十分にその効果を発揮できていないのは，実践者が発問の工夫に気をとられるあまり，授業全体を見通せず，発問の構成にぶれが生じてしまっているからなのです。

　「ぶれない発問を構成するためには，そこに至るまでの段階を重視する」ということが大切です。この節では，発問の構成法を5つのステップで紹介します。そのうち（3）から（5）までは発問づくりに直接関係する内容ですが，（1）と（2）については発問づくりの段階です。筆者は直接の発問づくりよりも，その前の段階をいかに充実させるかが，ぶれない発問をつくる鍵だと考えます。

（1）内容項目の解説を熟読する

　発問を構成する際に，私たちは，つい「中心発問をどうするか」ということを真っ先に考えようとします。授業の中心を成す発問なのですから，確かにそ

れはごく自然なことだといえます。しかし,「中心発問なのだから,子どもたちが活発に意見を出し合えるようにしたい」という教師の意識が働くことで,ねらいに迫るための発問というよりは,本時の学習で最も問いやすく,意見が出やすい教材の場面を見つけて発問をつくろうとしてしまいがちです。それでは,本末転倒でしょう。

　発問を構成するための最初のステップは,本時の学習における内容項目とその解説をしっかりと読むことです。同じ内容項目でも,低・中・高学年では,そこに含まれる道徳的諸価値の質や深さが異なります。学習指導要領解説や書籍などを熟読して,本時の学びのポイントを自分の中にしっかりと持ちましょう。内容項目の深い理解なしに発問はつくれないと心得ましょう。

(2) 本時のねらいと学習テーマを設定する

　内容項目の解説を熟読し,本時の学びのポイントとなる部分をつかんでも,まだ焦ってはいけません。そこからもうひと手間を加えましょう。それは,本時の学習のねらいと,子どもたちに提示する学習テーマを,自分の言葉になるまで考え込んで設定することです。

　本時のねらいをつくることができるということは,本時の学習で学習すべき内容について,教師が明確に捉えられているという証です。

　そして,学習テーマをつくることができるということは,本時の学習について,具体的なイメージをもって子どもたちに提示し,方向性を示すことができるということです。本時のねらいと学習テーマは,学習を筋の通ったぶれない展開にするための基盤なのです。

(3) ねらいに沿った中心発問をつくる

　1) 中心場面を捉え,道徳的問題の所在を明らかにする

　ここでようやく発問構成へ進みます。まずは,本時の学習のポイントとなる中心場面を捉えます。

　中心場面を把握するためには,教材を3つから4つくらいの場面に区切ってみましょう。「紙芝居にするなら何枚になるかで考えるとよい」とよく言われ

ます。すると，（1）や（2）で確認した本時の学習のポイントとなる場面が明らかになります。そこが，本時の中心場面になるわけです。

　ここで注意してほしいのは，「中心場面は，だいたい教材文の最後の方かな」と安易に考えてしまうことです。中心場面が教材文の中盤あたりにあることは，決して珍しいことではありませんし，ねらいや学習テーマによっては，同じ教材でも中心場面が異なる場合もあります。中心場面を見逃してしまうと，（1）と（2）で見いだしたねらいや学習テーマからずれてしまいます。これらの学習の柱となる部分に照らして，中心場面を捉えるようにしましょう。

　さらに中心場面には，道徳的問題が表れている部分があります。それこそが，本時の核心的な問いである中心発問を設定する部分なのです。

2）中心発問づくりのポイント

　一つ目のポイントは，「子どもたちの考えよりも，一段深い問いをつくる」ことです。では，どんな問いが一段深い問いなのでしょうか。

　筆者は，「子どもたちが教材を読んだときに，初発の感想ではたどり着かないような考えを誘う問い」だと考えています。

　道徳科の学習で，教材範読後に感想交流を入れることがあります。子どもたちが教材について感じ，考えたことを交流させるのですが，その中で出される意見と同じような反応しか出ない問いを中心発問に設定しても，子どもたちは考えることも議論することもありません。授業のはじめと終わりで認識に変化がなく，新たな気付きも発見もないなら，授業の意味はないのです。

　逆に，感想交流で，子どもたちが学習テーマに照らして考えたとき，「なぜ，○○なのだろう？」と疑問に思う部分があります。それこそが，一段深い問いとして中心発問を構想できる部分なのです。一つ目のポイントをクリアするために大切なのは，子どもたちの思考の深まりを予測することです。

　二つ目のポイントは，「主人公の生き方を支えた思いに考えが及ぶような仕掛けを発問に加える」ことです。

　一つ目のポイントで示したように，主人公の心情を表面的に捉えることは，初発の感想で十分可能です。そこから一歩踏み込んで，主人公への自我関与や問題解決的な思考，体験的な活動などを通して，内容項目に含まれる道徳的諸

価値を自分との関わりで考え，判断できるような発問が望ましいと考えます。
　具体的には，「なぜ，主人公は○○ができたのだろう」「主人公はどんな思いで○○という判断をしたのだろう」など，「なぜ」や「どうして」を問う発問です。そして，これに，「主人公の行動（生き方・判断）を支えた思いに迫ろう」という追究課題を加えます。そうすることで，子どもたちは，単なる理由だけでなく，ねらいや学習テーマに即して行動や判断の奥にあるものを多面的，多角的に考え，議論することができます。
　子どもたちが一見しただけでは考えの及ばない，でも，主体的に自分との関わりで考えたり，友達との対話を通してそのよさを認めあったりすることで，道徳的諸価値に関する理解を深めることができるような問いこそが，中心発問としてふさわしいのです。

（4）学習テーマに沿った展開後段の発問をつくる

　中心発問の次に考えたいのは，本時の学びを現実の世界に返す場面，いわゆる展開後段での発問です。
　ここでのポイントは，「中心発問で見いだされた子どもたちの考えを，現実の世界に照らし合わせ，考えを深めたり広げたりできるような発問にする」ことです。この場面の発問は，「学習テーマを自己の生き方から見つめ，考えを深める」「学習テーマを社会との関係において広げ，一般化する」の，どちらかになると考えます。
　例えば，「得意なことを伸ばすためには」という学習テーマの場合は，「自分の得意なことを伸ばすために，あなたが大切にしたいのはどんなことですか」として，自己の生き方を見つめ，考えを深める発問にします。
　また，「きまりがあるのは何のため」という学習テーマでは，「身の回りにあるきまりは，何のためにつくられているのかを考えてみましょう」として，現実の社会への広がりや一般化を図る発問がよいでしょう。
　一般的には，本時の内容項目がAやDならば，自己の生き方への考えを深める発問，内容項目がBやCならば，社会との関係に広げ，一般化する発問を設定すると，学習テーマとの整合性がとれた展開後段になるでしょう。

(5) ねらいに基づいた導入での発問，基本発問をつくる

　最後に，導入での発問と中心発問に至るまでの基本発問をつくります。

　導入は，本時のねらいとなる道徳的価値への方向付けを図るか，教材の世界へと誘うかのどちらかを問うのがよいでしょう。

　導入は，できれば5分程度に収めたいので，「あなたの得意なことは？」や，「早く○○しなさいと言われるのはどんな時？」といった，子どもたちがあまり身構えないような問いが好ましいと考えます。あるいは，事前にとっておいたアンケートなどを活用してもよいでしょう。

　いずれにせよ，この導入での発問から，本時のテーマを設定して学習を進めるわけですから，ねらいや教材に基づいた発問となっているかをチェックしておきましょう。

　また，中心発問に至るまでの基本発問は，必要最小限の数に抑えます。だらだらと基本発問が続いた挙げ句，中心発問での話し合いがわずか数分となったのでは，本末転倒です。

　ポイントは，「中心発問で考え，議論するために欠くことのできないものに絞る」ことです。できれば1つ，多くても2つでしょう。

　筆者のお勧めは，基本発問で問う内容を，すべて感想交流で完結させてしまう方法です。（3）でも述べましたが，最初に感想を交流させることで，中心発問に至るまでの心情理解や状況の把握は十分に達成されます。また，子どもたちが本時の学習で追究すべき問いを見いだし，中心発問を自分たちの追究課題とするための活動としても，感想交流は有効な手段です。

4．発問の推敲法

　道徳科の学習においては，「発問」を推敲し精選することで，子どもたちが学習へのバリアを感じることなく，考えを深めていくことができます。本節では，定番教材である「泣いた赤おに」を例に，発問の推敲と精選について具体的に考えてみましょう。

　教材範読後の初めの発問として，一般的に次のような発問があります。

第4章 道徳授業の発問の構成法　47

> 立て札を引き抜いたとき，赤おにはどんな気持ちだったでしょうか

　赤おにが「立て札を引き抜いた」という行為は，赤おにの悔しさを象徴的に表す部分であるのは間違いありません。しかし，その行為に至った直接の原因は，きこりたちの話と，それに怒った赤おにの声できこりたちが逃げ出したことにあります。ここで「立て札を引き抜いたこと」に対する心情を問うた場合，赤おにの悔しさだけに子どもの意識が向き，赤おにの短慮さや，自分の行為への後悔など，多様な意見が出されにくくなります。
　そこで，次のような発問に変えてみます。

> きこりたちが逃げてしまって，なぜ赤おにはがっかりしたのでしょうか

　問いの場面を「焦点化」して具体的な事象にこだわって考える発問とすることで，「がったりした」のはきこりたちに対してだけでなく，自分の短慮さに対してもだと気付くことができます。そして，この発問で，子どもたちの「赤おに像」がつくられることで，この後の中心発問において「迷いと葛藤」の追究へと自然に向けていくこともできます。
　また，中心場面では，次のような発問をよく見かけます。

> 手紙を読んでなみだを流す赤おには，どんな気持ちだったでしょうか

　赤おにの後悔に焦点を当てるためには，なみだを流す赤おにの心情を類推することに意味はあります。しかし，「いかにあるべきか」という判断力を重視するには，気持ちを問うだけの発問では不十分です。
　赤おにの生き方についての道徳的判断を明確にするためには，次のような発問が考えられます。

> 手紙を読んでなみだを流す赤おにに，どんなアドバイスをしますか

　この発問は，「赤おにへのアドバイス」という形を取ることで，子どもたちがより望ましいと思う生き方について，具体的に考えることができます。また，アドバイスということで，自分からの発信という責任に似た意識も生まれます。

さらに、子どもたちが考えたアドバイスを互いに交流させる場を設けることで、友だちの多様な意見にもふれながら、自分の思いを伝え、相手の思いを受け止めるという学習の深まりも期待できるのです。

　場面ごとの発問の役割や意義を吟味し推敲することで、すべての子どもたちが「楽しい」と感じられ、「わかる、できる」と実感できる道徳科の学習を構想することができるのです。

【参考文献】
永田繁雄『道徳教育 2014年8月号』明治図書　2014年
木原一彰『道徳教育 2017年10月号』明治図書　2017年
木原一彰『道徳教育 2016年8月号』明治図書　2016年

第5章
道徳科の学習指導案の作り方

1. 学習指導案作成の目的と必要性

　教職を志しているみなさんや，実際に教育現場で学習指導をしている教師の中で，学習指導案という言葉を聞いたことのない人はいないのではないでしょうか。それほど，学校教育現場での実践研究において，この学習指導案という言葉は定着しています。

　一方で，学習指導案があまりにも当たり前のものとして教育現場に定着しているからこそ，学習指導案について深く思いを巡らせることのない現状もあるのではないでしょうか。例えば，「研究授業などで必要に迫られるから，仕方なく学習指導案を書くが，本音を言えば面倒だ」とか，「とりあえず形式として書けばよいだろう。実際の授業が学習指導案の通りにいくはずがないのだから」といった（ある意味率直な）意見を聞くことがあります。これは，研究会や公開授業のための「形式を整える」ことにしか，学習指導案の目的や必要性を見いだしていないことに起因しています。

　また，「そもそも学習指導案自体が必要ない」という思い切った意見を聞くこともあります。学習指導案が本当に必要なのかを検討すること自体には意味があるかもしれません。しかしそれは，学習指導案の目的や必要性について理解した上での議論であるべきでしょう。目的も必要性もないものが，日本の教育において連綿と位置付けられ，受け継がれるはずがないのですから。そこで，本節では，学習指導案の目的や必要性について考えてみたいと思います。

学習指導案は，本時の学習の主題や内容項目に関する指導者の考え，子どもたちの実態，教材の分析や指導のあり様など，授業イメージとして頭の中に思い描いたものを，記述によって具体化するものです。そうすることによって，1時間の学習の基本的な骨格がつくられるわけです。

　学習指導案の目的は，「一つの流れとして授業を完結させるための教師にとっての羅針盤としての機能を果たす」ことと言えるでしょう。1時間の授業を進める中で，子どもたちの思考は多様に拡散していきます。教師は，ある一定のねらいのもとに授業を進めていきますので，児童の思考が多様に広がることは歓迎しながらも，ねらいとする内容に子どもたちの思考をたどり着かせたいという，一種の使命感があります。しかし，思考が多様に広がるほど，子どもたちはもちろん教師自身も，どこでどんな発問や支援によって学習を進めていけばよいのかが見えなくなります。

　そこに学習指導案という羅針盤があれば，子どもたちの多様な考えを類別するための支援ができたり，子どもたちの発想を最大限に生かすための切り返しができたりします。つまり，本時のねらいを達成するための様々な軌道修正が可能となるのです。これが，「一つの流れとして授業を完結させるための教師にとっての羅針盤としての機能を果たす」という学習指導案の目的なのです。

　それでも，「教材さえあれば，指導案がなくても授業はできる」と考える人もいるかもしれません。確かに，毎日の学習で必ず学習指導案を作成している教師はいないのかもしれません。しかしそういった教師たちも，本時の学習のねらいと大まかな発問くらいは考えているものです。

　想像してみてください。もし明日，初めて出会う学級で，初めて扱う教材を使って学習をすることになったとしたら。きっと不安でたまらなくなるでしょう。夜も眠れなくなるほどの緊張に襲われるかもしれません。もし教職を志す学生，あるいは幾何かの現場経験のある教師であるならば，「教材から本時のねらいを考え，発問構成を組み立てていこう」と考えるはずです。とりあえず，それだけでも押さえておくことで，本時の学習を成立させる可能性が開けてくるという思いをもつはずです。

　これこそが，学習指導案の必要性なのです。学習指導案が本時の学習の羅針

盤であるなら，その存在は，無事に本時の学習を成立させるために必要なアイテムとなるのです。

さらに，指導案を突き詰めて考えていけば，本時の学習をより効率的に，最小限の力で，最大限の効果を発揮させるための必須アイテムへと昇華していくことでしょう。

2．学習指導案の形式例

次のページに示したものが，一般的に学習指導案として構成されている要素をまとめたものです。

道徳科の学習指導案は，『学習指導要領解説　特別の教科　道徳編』によれば，「教師が年間指導計画に位置付けられた主題を指導するに当たって，児童や学級の実態に即して，教師自身の創意工夫を生かして作成する指導計画である」とあります。ですから，学習指導案の形式には，特にきまった基準はないとされています。

ただ，「学習指導案の目的と必要性」で述べた学習指導案の性質から考えれば，道徳科における学習指導案においては，少なくとも「主題」「ねらい」「用いる教材」「主題設定の理由」「展開の大要」といった項目は外せないでしょう。

第○学年○組　道徳科学習指導案

平成○年△月□日
指導者○○　○○

1．主題名　○○○○（内容を端的に表す言葉），A－○（内容項目の番号）
2．教材名　△△△△（括弧内に出典を記入）
3．本時のねらい
4．主題設定の理由
　（1）主題について
　（2）児童（生徒）について
　（3）教材や指導について
5．本時の学習
　（1）準備
　（2）展開の大要

学習過程	主な発問と児童の反応	教師の支援・意図・評価
1．導入	○（教師の発問） ・予想される児童の反応	●主な言語活動として，話し合い活動や書く活動など，内容と方法を記述する。 ○「～することで……できるようにする」のように，発問や活動，説話などに対する教師の意図を明確にして書く。 ※ねらいに即して，児童の学習の様子についての評価項目を記入する。
2．展開（前段）	◎（中心発問は二重丸で） ・	
3．展開（後段）	○ ・	
4．終末	○	

6．板書計画

3．学習指導案の作成手順

「2．学習指導案の形式例」に準じて，作成手順を説明します。なおこの手順は，すでに教材研究ができており，ねらいの設定と発問構想も完了した状態を前提としています。

(1) 主題名を設定する

主題名とは，道徳科の授業の主題に対する名称です。主題は，ねらいと教材の概要を端的に示す言葉であり，年間指導計画にも示されています。また，道徳科では，学習指導要領の内容項目に付記されている言葉（「希望と勇気，努力と強い意志」など）を基にして記述することが多いです。

(2) 教材名を書く

本時の学習で用いる教材を書きます。教科書教材の場合や絵本などの場合は出典を，自作教材の場合はその旨を括弧内に明記します。

(3) 教材分析を基に，本時のねらいを設定する

第4章1節で述べた方法で，主題に基づいた指導内容や教師の意図を明らかにできるような学習のねらいを検討し記述します。

教材分析をするにあたり，学習で扱う教材を何度も読むことになりますが，大事なのは，「登場する人間とその行為のなかにある道徳的問題の所在を読み解くこと」です。どのようなタイプの授業であろうと，教師が教材の中で，「なぜ？」と問える部分を見いだし，それを学習活動の中心に位置付けます。そして，その学習活動で，道徳性の諸様相（道徳的判断力，心情，実践意欲と態度）のいずれかを育てることを明確にしましょう。

(4) 主題設定の理由を書く

ねらいを設定する際に行った教材分析を基に，主題を設定した意図や理由，主題に関する児童・生徒の実態，教材の特質と授業展開の構想などを，3つの

まとまりに分けて書きます。

「主題について」には，教材と内容項目を確認し，本時の学習における道徳的諸価値についての教師の捉えを記述します。本時の内容項目が，学習指導要領上どのように位置付けられているのかや，現代社会において，本時の内容項目やそこに含まれる道徳的諸価値はどのような意味を持つのかなどを，主題を設定した理由としてまとめます。

「児童（生徒）について」には，内容項目及び，そこに含まれる道徳的諸価値についての児童（生徒）の実態や教師の見取りについて記述します。実際の生活の中で，子どもたちのどのようなよさが見えるのかや，その一方でどのような課題があるのかについて，本時の主題に照らして考察を加えていきます。

「教材や指導について」には，使用する教材の内容や特質と，教師がどのように授業を進めていくかについて，その概要を記述します。本時の主題設定の意味と，それに対する児童（生徒）の実態を基に，それを本時の学習で用いる教材によって，児童の道徳性の育成に資する授業をどのように構想するのかという道筋を明らかにするための項目です。教材の概要と本時の中心となる学習活動について，できるだけ具体的に書くとよいでしょう。

（5）本時の学習について書く

「準備」には，ワークシートや場面絵など，本時の学習で，教師や児童が用いる学習材を記述します。

「展開の大要」には，本時の学習の発問構成や具体的な支援の在り方，評価とその方法などについて書きます。第4章3節で述べた「発問の構想法」を参考にして構成した発問を基に，どのような学習や支援が行われるのかについてわかりやすく表現します。また，それぞれの発問において予想される児童の反応も記述しましょう。「一つの流れとして授業を完結させるための教師にとっての羅針盤としての機能を果たす」という学習指導案の目的を考えたとき，予想される児童の反応抜きに構成された学習指導案は，羅針盤ではなく「絵に描いた餅」にしかならないのです。

(6) 板書計画を構想する

　道徳科の学習において、実践と板書とは切っても切れない関係にあります。しかし、黒板があまりにも当たり前のものとして存在しているがために、その役割や活用の在り方について深く思いを致すことなく、ただ漫然と文字を書き連ねただけの板書を見ることも少なくありません。指導案の最後の締めくくりとして、板書計画を書くことをお勧めします。図形や文字を組み合わせてパソコン等で作成するのもよいですし、この部分だけ手書きでも構いません。筆者が同僚たちに進めているのは、実際の黒板に当日の板書を書いてみたものを写真で記録し、画像として添付する方法です。

(7) 評価について

　第6章でも述べますが、道徳科で養う道徳性は、児童が人間としてよりよい生き方を求め、諸問題に適切に対応する力の基盤となるものです。ですから、道徳科の評価として道徳的価値をどれだけ理解したかなどの基準を設定することはふさわしくありません。また、個々の内容項目ごとではなく、学期や学年といった大くくりで児童の評価を行うこととされています。

　この道徳科における評価の基本を踏まえ、もし指導案上に評価の観点を表記するなら、「子どもたちの学習活動の様子」について見取るための評価項目を設定するのがよいでしょう。

　例えば、「主人公の生き方を手掛かりにして、主題やねらいについて、自分なりの根拠をもって考え、話し合うことができる」というような個人の成長の見取りに関する観点ならば、指導案の「教師の支援・意図・評価」の欄に評価項目として記述することができるでしょう。

(8) 全体を見直す

　指導案が一通り完成したら、いくつかのポイントに留意して確認と見直しを図ります。

　まず、本時の主題やねらいと展開の大要との間にずれがないかを確認します。主題やねらいを設定し、その後、中心発問から「展開」を考えていくのですが、

中心発問の設定や自分の生活との関わりで考える活動などを構想しているうちに，授業の主題やねらいからずれてしまうことがあります。

そういった場合，まず主題やねらいがあっての教材や学習展開なのですから，主題やねらいに立ち返って，中心発問を含めた展開の大要を軌道修正するのがよいでしょう。

次に，特定の価値観を児童に教え込むような展開になっていないかを確認しましょう。教師主導であらかじめ用意された答えを子どもたちが探り当てるような道徳の授業に，いったい何の意味があるでしょう。子どもたちの冷めた目の中で教師が熱弁をふるう道徳の時間の学習など，まさに「百害あって一利なし」です。

このチェックのためには，基本発問から中心発問への流れの中で，予想される児童の反応に多様さがあるかを見ることが大切です。さらに，反省調の振り返りになっていないかや，終末の説話が教師の主張の押し付けになっていないかなど，できるだけ客観的な眼差しでチェックしましょう。

最後に，登場人物の心情理解に偏ったりした展開になっていないかを確認します。これまでの道徳の時間の学習で，最も安易に用いられてきた発問が「～の気持ちはどうだったのか」という問いです。気持ちを問うことによって，他者の心情を類推したり，共感したりすることはできても，その問いだけでねらいや主題に迫り，自己の生き方を見つめることはできません。

小学校低学年から中学年にかけては，心情追究型の発問が増えることは仕方ありませんが，小学校高学年から中学校にかけての授業展開では，「気持ちを問いすぎて気持ち悪くなる」ような発問構成は，子どもたちを道徳嫌いへ変えてしまう大きな要因なのです。

4．多様な指導案の形式例

例に示した項目のほかにも，道徳科の完全実施に向け，いくつかの要素を指導案に記述しているものが見られるようになりました。ポイントを絞って簡単に紹介します。

（1）考え，議論する道徳の実現のために
　「4．主題設定の理由」の「(3)教材や指導について」の部分を，この項目に置き換えているものが見られます。
　これまでの道徳の時間の学習の大きな課題の一つは，「道徳の時間において，読み物の登場人物の心情理解のみに偏った形式的な指導が行われる例があることや，発達の段階などを十分に踏まえず，児童生徒にわかりきったことを言わせたり書かせたりする授業になっている」という指摘でした。その課題の克服のために提案された「考え，議論する道徳」は，今回の道徳科への改訂の大きなテーマです。
　そこで，学習指導案においても，本時の学習で用いる教材をどのように活用することで「考え，議論する道徳」を実現し，より深い学びとするのかという構想の具体的な記述を，項目として設定したものが見られるようになっています。

（2）関連する内容項目
　本時の学習の中心となる内容項目が，明確にねらいに規定されることは当然なのですが，特に小学校高学年から中学校にかけての教材の中には，本時の内容項目だけでは思考が狭まってしまうようなものもあります。そういった場合，関連する内容項目を書くことがあります。
　本時の内容項目を核として，他の内容項目がどのように関連するのかを明示することで，授業の中で子どもたちの多様な考えを十分に引き出すことが可能となります。
　特に小学校高学年から中学校においては，「中心価値を単独で追究する道徳の時間の学習」だけではなく，人の生き方に根ざしている一つの価値が，他のどのような価値に支えられることで行為として実現可能になるかを探究する授業を構想することで，子どもたちが考え，議論する道徳の実現に近づくことができるでしょう。時には，教師が気付かなかった関連を子どもたちが見いだすこともあり，道徳科の学習の充実のために欠かせない視点です。

(3) 関連する教科・領域等

　道徳の教科化にあたり，これまで以上に重視されることの一つが，他教科，領域との有機的な連携です。学校の教育活動における体験を道徳科の学習に生かす視点や，道徳科の学習を他の教育活動に生かす視点などは，これまでも，年間指導計画の別葉などで明示されていました。そういった総合単元的な構想に，本時の学習を中心として位置付けて，指導案上にその一部を図式化して明示することがあります。

　明確な教育意図に基づく学習活動等との関連の構築は，今回の学習指導要領改訂で求められるカリキュラム・マネジメントの実現にほかなりません。そして，こういった広い視野で教育活動全体を見通す教師のマネジメント力の向上は，道徳科の授業そのものの質的改善にもつながります。

第6章 道徳科の評価

1．評価と評定

　道徳科の評価に関して，教科への移行が決まった段階から，メディアの大小を問わず様々な憶測や誤解に基づいた批判が出されてきました。「道徳の成績が付けられることになった」や「子どもたちの心に○や△が付けられる」などが代表的な例ではないでしょうか。こういった意見が出されるのは，「学習評価そのものに関する理解」と「道徳科における評価に関する理解」の2つが決定的に不足していることに起因しているように思われます。この項では，そもそも評価とはいかなるものなのかについて，評価と評定という側面から見ていこうと思います。

（1）学習評価とは
　「児童生徒の学習評価の在り方について（報告）」（平成22年1月教育課程部会報告）に，以下のような文章があります。

> ○各教科については，学習状況を分析的にとらえる観点別学習状況の評価と総括的にとらえる評定とを，学習指導要領に定める目標に準拠した評価として実施することが明確にされている。

　「目標に準拠した評価」とは，学習指導要領に示す目標に照らして，その実現の状況を見る評価のことです。「絶対評価」とも呼ばれています。この評価

では，学習指導要領に示された内容を確実に習得したかどうかが問われます。学年や学級の集団内での順位によって評価が出されるのではなく，「目標を達成できたか」ということだけが評価の指標となるのです。

「評価とはそもそも目標に準拠したものではないか？」と疑問を持つ人も多いかと思います。「目標に準拠した評価」に対し，「集団に準拠した評価」という言葉があります。これは，学年または学級における位置付けを見る評価のことで，「相対評価」とも言われます。3段階もしくは5段階の評価枠を設け，集団内での位置によって評価が決定されます。1971（昭和46）年までは，評価と言えば「集団に準拠した評価」でした。昭和46年から2000（平成12）年までは集団に準拠した評価を行いつつ，各段階の人数を固定化しないように求められていました。そして，平成12年12月の「児童生徒の学習と教育課程の実施状況の評価の在り方について」（教育課程審議会答申）によって，評価そのものが「集団に準拠した評価」から「目標に準拠した評価」に改められました。つまり現状では，学習評価と言えば，集団内でのランク付けによってではなく，目標が達成できたかどうかによって実施されるものなのです。

（2）評価と評定について

一方で，「評価」と「評定」という言葉があります。この言葉は，文部科学省では具体的に次のように定義されています。

- ・評価…評価の観点ごとにA，B，Cの3段階で評価するもの。
- ・評定…観点別学習状況を総括的に評価するもの。小学校（第3学年以上）では3段階，中学校では5段階で評価する。

みなさんには，通知表をイメージしていただくとわかりやすいと思います。まず，教科ごとに「関心・意欲・態度」や「思考・判断」「技能・表現」や「知識・理解」といった観点が設けられ，それぞれにA，B，C（通知表では◎，○，△が多い）のどれかが記載されていたはずです。これが「観点別評価」と呼ばれているものです。一方で，各教科に3段階もしくは5段階で数値による評価が記載されているのが「評定」です。みなさんが「成績」と聞くとすぐにイメージするものです。

各教科については，学習状況を分析的に捉える観点別学習状況の評価と総括的に捉える評定とを，学習指導要領に定める目標に準拠した評価として実施することが明確にされています。

　ここで，「道徳科における評価も，各教科の評価と同じように実施するの？」「数値による評価は行わないのでは？」という疑問が生まれると思います。道徳科における評価は，子どもたちの何をどう見取るのか，数値等を用いないで評価を行うとはどういうことなのか……。次の節では，道徳科における評価について焦点を当てて見てみましょう。

2．道徳科における評価とは

　小学校学習指導要領「第3章　特別の教科　道徳」の「第3　指導計画の作成と内容の取扱い　4」に，道徳科における評価の意義について，以下のように書かれています。

> ○児童の学習状況や道徳性に係る成長の様子を継続的に把握し，指導に生かすように努める必要がある。ただし，数値による評価は行わないものとする。

　そこで，『小学校学習指導要領解説　特別の教科　道徳編』のpp.107〜108の記述を基に，各教科の評価との違いを見ていきましょう。

(1) 観点別評価ではない

　P.107には，「道徳性の諸様相である道徳的な判断力，心情，実践意欲と態度のそれぞれについて分節し，学習状況を分析的に捉える観点別評価を通じて見取ろうとすることは，個人の人格そのものに働きかけ，道徳性を養うことを目標とする道徳科の評価としては妥当ではない」とあります。

　各教科では，観点別評価を行います。「関心・意欲・態度」や「知識・理解」など3〜4観点で，各教科の学習状況を見取り，子どもたちの学習状況を分析的に捉えます。

しかし道徳科では、「判断力」や「心情」などの観点ごとに評価を行うことはしません。「道徳的な判断力、心情、実践意欲と態度」は、道徳性の諸様相であり、それぞれ独立したものではなく、相互の関連性から考えても不可分なものであるといえます。ですから、道徳性を様々な観点に分節して捉えることは、道徳科の目標に照らして適切ではないといえるのです。

(2) 内容項目ごとの評価ではない

P.108には、「個々の内容項目ごとではなく、大くくりなまとまりを踏まえた評価とすること……（中略）……道徳科の学習状況の評価に当たっては、道徳科の学習活動に注目し、年間や学期といった一定のまとまりの中で、児童の学習状況や道徳性にかかる成長の様子を把握する必要がある」と書かれています。

これは、一つひとつの内容項目ごとに、その内容項目についてどのくらい理解したかということを評価するものではないということを示しています。例えば、「『友情、信頼』は理解が深まったが、『規則の尊重』はそうではなかった」というように、内容項目を切り分けて、その理解の進捗状況を見ることはありません。これまで道徳の時間の学習を行ってきた教師ほど、この「個々の内容項目ごとではなく、大くくりなまとまりを踏まえた評価」を行うということは難しく感じられるかもしれません。内容項目の理解を深めることをねらいとした授業が実践されることも、決して少なくなかったからです。

内容項目の理解は、あくまでも道徳性を養うための手掛かりであって、それ自体は道徳科の目標ではありません。道徳科においては、内容項目の理解を基に自己の生き方についての考えを深める学習を通して、道徳性の成長を見取って評価することが求められるのです。

(3) 学習活動に注目して評価する

観点別評価や内容項目ごとの評価が道徳科の評価になじまないのであれば、私たち教員は道徳科において、「子どもたちの何に注目して評価に臨めばよいのか？」という疑問が浮かびます。

P.108には、「評価に当たっては、特に、学習活動において……（中略）……

一面的な見方から多面的・多角的な見方へと発展しているか，道徳的価値の理解を自分自身との関わりの中で深めているかといった点を重視することが重要である。このことは，道徳科の目標に明記された学習活動に注目して評価を行うということである」と書かれています。

　道徳科における評価の柱の一つは，「子どもたちの学習活動に注目して評価する」ことです。道徳科の授業の中で，子どもたちがどのような学びを進めているかを積極的に見取ることといってもよいかもしれません。例えば，道徳科の授業の中で以下のような場面に出会うことがあります。
　　・登場人物を自分に置き換えて考えようとしている。
　　・具体的な道徳的問題について，その実現の難しさを自分事として捉えようとしている。
　　・自分と違う友達の意見を理解しようとしている。
　　・対立する道徳的諸価値について，自分の立場を明確にして議論を深めようとしている。
　　・友達の考えにふれ，自分の考えをよりよいものにしようと話し合いを深めようとしている。

　これらは，学習の「成果」ではなく，学習の「状況」です。道徳科の学習において，子どもたちは様々な学習の状況を示します。1時間だけを取り上げたのでは見えないことも，年間35時間の学習の推移を俯瞰することで見えてくることがあります。それが，「学習状況の成長」なのです。道徳科における評価では，学習の最終的な到達点や達成状況である「成果」を見取るのではなく，学習のプロセスである「状況」を見取るのです。「学習活動に注目して評価する」とは，こういった営みなのです。「学習活動に注目する」ことで，「子どもたちの学びの姿」を肯定的に見取り続けることが，道徳科における評価の一つの方法となります。

（4）個人の成長を積極的に受け止める個人内評価
　P.108には，もう一つ重要な記述があります。「道徳科における学習状況や道徳性に係る成長の様子の把握は，……（中略）……児童がいかに成長したかを

積極的に受け止めて認め，励ます観点から行うものであり，個人内評価であるとの趣旨がより強く要請されるものである」というものです。

（3）で示したように，道徳科の学習を中～長期のスパンで俯瞰してみると，子どもたちの学習活動の成長を見取ることができます。同時に，毎時間の授業を点ではなく線としてつないでいくことで，子ども一人ひとりの道徳性の「成長」を見取ることも可能となります。

ここで強調しておきたいのは，道徳性についての評価ではなく，道徳性に係る「成長」についての評価であるということです。道徳性そのものについて評価し記述するとなると，大変な困難を伴うであろうことは想像に難くないでしょう。多様な生育環境の中で今を生きている子どもたちの道徳性の全体を捉えることなど，そもそも不可能なことのように思えます。しかし，道徳性に係る「成長」であればどうでしょう。一定の期間の道徳科の学習の様子を，授業記録やワークシートなどを用いて振り返ることで，子どもたちが自分の生き方についての考えをどのように深めてきたかを明らかにすることができるのではないでしょうか。道徳性そのものではなく，道徳性に係る「成長」を評価するということには，このような意味があるのです。

また，子どもたち一人ひとりの道徳性に係る「成長」を見取るわけですから，学年または学級における位置付けを見る「集団に準拠した評価」が馴染まないことは言うまでもありませんし，達成度を測る「目標に準拠した評価」でもないことは理解できるでしょう。あくまで，子どもたちがいかに成長したかを，道徳性に係る成長の観点からていねいに見取る「個人内評価」が求められるのです。「子どもたちひとりひとりの学ぶ姿をていねいに見取り，その成長を評価する」という営みこそが，道徳科の評価のもう一つの柱である「個人の成長を積極的に受け止める個人内評価」なのです。

ですから，「数値等による評価はしない」とされていますが，そもそも「数値等による評価ができるはずがない」のです。当然，入学者選抜にも用いられることはありません

ここまでのポイントから見えてくる道徳科の評価は，次のようにまとめることができるでしょう。

- それぞれの授業における指導のねらいとの関わりにおいて，
- 児童の学習状況や道徳性に係る成長の様子を様々な方法で捉えて，
- 個々の児童の成長を促すとともに，
- 教師自らの指導を評価し，改善に努める。
- 道徳性は，数値などによって不用意に評価してはならないことに留意する。

次節では，評価の視点と方法について，もう少し具体的に提案します。

3．評価の視点・方法

　道徳科に評価が導入されることとなり，これまで以上に道徳科における評価の視点や方法が注目を集め，研究者や実践家の間で様々な試行がなされています。この節では，評価の際にどのような視点を持つことが必要なのかや，道徳科の評価の方法としてどのようなものがあるのかについて，できるだけ具体的に紹介します。

（1）様々な評価の方法

　学習指導要領で評価についての規定がなされましたが，そこに「このような方法で評価をしましょう」という評価の方法の具体例が書かれているわけではありません。あくまで，評価の視点に留意して実施されることが求められているだけです。ですから，これまで各教科・領域，外国語活動や総合的な学習の時間で行われてきた評価方法を，道徳科の評価に援用することになります。一般的な評価の方法としては，以下のようなものがあります。

　1）質問紙による評価
　　調査したいことに対する質問事項を質問紙にまとめて調査し評価します。
　2）観察による評価
　　授業中に評価したい観点を定め，発言などを観察して記録し評価します。
　3）面接による評価
　　子どもと個別に面接し，感じたことや考えたことを聞き取り評価します。

4）パフォーマンス評価

授業で学んだことを図やイラスト，身体表現やスピーチなどの多様な方法で表現したものについて，ルーブリック（評価基準）を作成し評価します。

5）ノートやワークシートによる評価

ノートやワークシートなどに記述された文章から評価します。

6）ポートフォリオ評価

作文，プレゼンテーション，発表資料や映像などの学習成果物をファイルしたもの（ポートフォリオ）を確認し評価します。

7）エピソード評価

子どもの学習の過程における発言や記述をエピソードとしてまとめ，蓄積したものを基に評価します。

これらの評価方法には，それぞれ一長一短があり，どれか一つだけで評価のすべてを行うことは客観的評価とはなりません。特に，道徳科における評価では，大くくりなまとまりで児童の学習状況や道徳性に係る成長の様子を様々な方法で捉えることが求められますので，上記の評価方法のいくつかを組み合わせて評価していくことが必要だと言えます。

(2) 道徳科における評価の視点と留意点

いずれの評価方法を用いるにせよ，道徳科の特質を踏まえた評価が行われることが重要です。その視点や留意点として，次の4つのポイントが挙げられるでしょう。

1）記録物自体の評価にならないこと

記録物は，学習過程を通じていかに道徳的価値の理解を深めようとしていたか，自分との関わりで考えたかなどの成長の様子を見取るためのものであり，その出来を評価するのではありません。

2）子どもたちの姿に着目すること

発言の多くない児童や考えたことを文章に記述することが苦手な児童が，ほかの児童の発言に聞き入ったり，考えを深めようとしたりしている姿に着目す

るなど，発言や記述ではない形で表出する児童の姿に着目するということが重要です。

3）評価に関する教員間での共通理解を図る

　学習評価の妥当性，信頼性等を担保することが重要です。そのためには，評価は個々の教師が個人として行うのではなく，学校として組織的・計画的に行われることが求められます。「評価のために集める資料や評価方法の明確化」「評価結果についての教師間での検討」「評価に関する実践事例の蓄積と共有」といったことを，校長や道徳教育推進教師を中心に共通理解を深めることが重要です。

4）様々な困難さのある児童に対する配慮

　発達障害等のある児童や海外から帰国した児童，日本語習得に困難のある児童などに対する指導や評価を行う際には，それぞれの学習の過程で考えられる「困難さの状態」をしっかりと把握した上で，必要な配慮が求められます。困難さに対応した指導の工夫・改善と丁寧な見取りを大切にしましょう。

（3）効果的だと思われる道徳科の評価法

　道徳科の評価を行う時，（1）で示した評価法を組み合わせますが，学級全員の評価を確実に行うための効果的な組み合わせがあると考えます。それが，「ノートやワークシートに，板書写真を組み合わせたエピソード評価」です。

　道徳科の毎時間の授業で，子どもたちにノートやワークシートに自分の考えを記述させます。書くことに時間をとりすぎては「考え，議論する道徳」においては本末転倒となりますから，特に，中心発問や自分の生き方との関わりで考えたことなどに絞るとよいでしょう。

　さらに，毎時間の板書写真も撮影し，保存しておきます。授業の全体像を記録するためですので，ミニコメントなども付け加えるとよいです。

　そして，学期末や学年末までに，子どものノートやワークシート集と板書写真の記録から，エピソード記録を作成します。すべての授業ではなく，その子どもの学習状況や成長を示す顕著な事例を，いくつかピックアップするのです。そうすることで，子どもの道徳科の学びの全体像を見いだすことができます。

あとは，学びの成長を励ますように記述します。
　この方法なら，無理なく無駄なく，全体を見通した評価が可能です。ただ，年間35時間の道徳科の学習を確実に実施することが必要なのは，言うまでもありません。

実践編

第7章
各授業類型のねらいと発問の特徴

　本章では,『私たちの道徳』で扱われている小学校低学年・中学年・高学年および中学校向けの教材を分析し,それぞれ3つの授業類型についてねらいと発問およびそれらの特徴を例示することで,各授業類型について具体的な理解を深めてもらうことにします。その際,各教材の特性やそれを踏まえた教材分析の方法等にも触れます。

1.「はしの上のおおかみ」
　　　（小学校低学年：行為の理想追求型・行為判断力追求型・集団の成長追求型）

　「はしの上のおおかみ」は,児童文学作家の奈街三郎による同名の絵本から抜粋して,小学校低学年の道徳教材として改編して作られたものです。登場人物は,おおかみ,うさぎ,きつね,たぬき,くまといった擬人化された動物で,教材編集者が設定した内容項目は「親切」です。主人公はおおかみで,場面は「ある朝」「毎日」「ある日の夕方」「次の日」の一本橋での出来事なので,時系列で出来事を追う形で教材分析を行ってみました。
　まずは,登場人物とその発言や行動などで重要と思われるものを時系列で書いていきます。次に,気付いたこと,考えたこと,疑問等を書き込んでいきます。資料の内容から見て,くまがおおかみを抱き上げる行為スキルを追求したり,おおかみの生き方の理想を追求したりするのは困難ですので,ここでは行為の理想追求型,行為判断力追求型,集団の成長追求型の3つの観点から書き

72　実践編

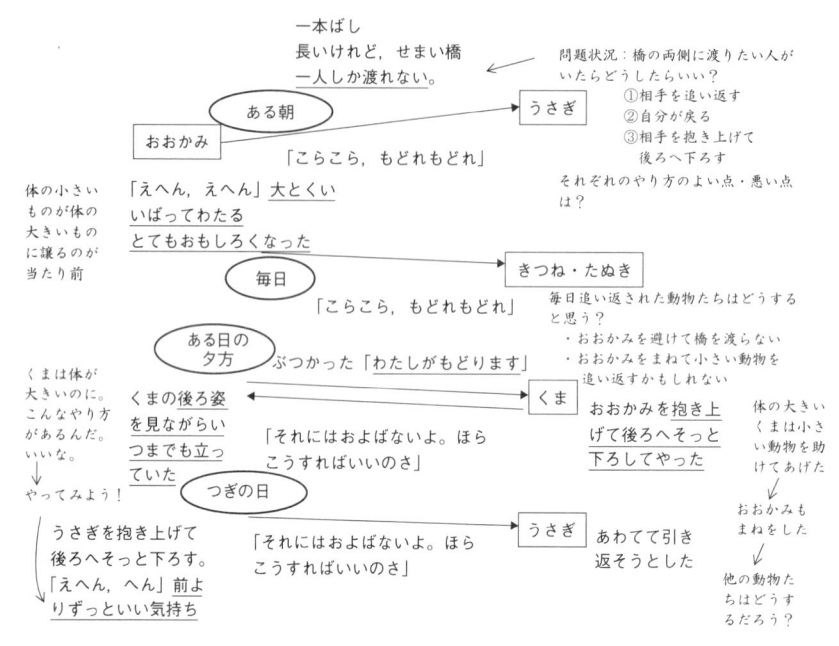

```
                        一本ばし
                        長いけれど，せまい橋
                        一人しか渡れない。        問題状況：橋の両側に渡りたい人が
                                                いたらどうしたらいい？
              ある朝      ←              うさぎ   ①相手を追い返す
       おおかみ                                   ②自分が戻る
                    「こらこら，もどれもどれ」     ③相手を抱き上げて
                                                  後ろへ下ろす
体の小さい  「えへん，えへん」大とくい             それぞれのやり方のよい点・悪い点
ものが体の  いばってわたる                         は？
大きいもの  とてもおもしろくなった
に譲るのが
当たり前       毎日      →            きつね・たぬき
                    「こらこら，もどれもどれ」   毎日追い返された動物たちはどうする
                                                と思う？
                                                ・おおかみを避けて橋を渡らない
              ある日の                          ・おおかみをまねて小さい動物を
              夕方     ぶつかった「わたしがもどります」 追い返すかもしれない
くまは体が                                              
大きいのに。 くまの後ろ姿                くま    おおかみを抱き上    体の大きい
こんなやり方  を見ながらい                      げて後ろへそっと   くまは小さ
があるんだ。 つまでも立っ  「それにはおよばないよ。ほら  下ろしてやった   い動物を助
いいな。     ていた       こうすればいいのさ」                      けてあげた
やってみよう！  つぎの日                                          ↓
                                                                 おおかみも
            うさぎを抱き上げて         うさぎ  あわてて引き      まねをした
            後ろへそっと下ろす。「それにはおよばないよ。ほら 返そうとした  ↓
            「えへん，へん」前よ こうすればいいのさ」              他の動物た
            りずっといい気持ち                                    ちはどうす
                                                                 るだろう？
```

図7-1　「はしの上のおおかみ」の教材分析

込んでみました。図7-1では資料に書かれている内容を大き目のゴシック体で，気づいたこと，考えたことなどを小さ目の楷書体で示しましたが，気づいたこと，考えたことなどについては観点別に色を変えて書き込むと，後でねらいや発問を検討する際に見やすくなります。

　行為の理想追求型の観点では，主人公の行為とその背景にある思考や心情を追っていき，行為判断力追求型の観点では，問題状況とその解決策に着目します。そして，集団の成長追求型の観点では，主人公の行動がどのような文脈で生じ，周囲の人々にどのような影響を及ぼすかという点に着目します。

　表7-1は，教材分析に基づいて，行為の理想追求型・行為判断力追求型・集団の成長追求型の3つの類型について，ねらいと発問の例を示したものです。内容項目はいずれも「親切，おもいやり」で，行為の理想追求型では道徳的心情を，行為判断力追求型では道徳的判断力を，集団の成長追求型では道徳的実践意欲を主に育てるねらいとなっています。

第7章　各授業類型のねらいと発問の特徴

表7-1　「はしのうえのおおかみ」のねらいと発問の例

	行為の理想追求型授業	行為判断力追求型授業	集団の成長追求型授業
ねらい	親切な行為をすることで自分もよい気持ちになることに気付かせ、周囲の友達がしている親切な行為を真似して実践してみたいと感じる心情を育てる。	お互いの欲求がぶつかり合ったときの対処法のよい点・悪い点を考えることで、相手と譲ったり親切にしたりすることのよさを判断する力を育てる。	意地悪をすると周囲の人々が自分から離れていき、親切にすると周囲の人にも親切が広がることに気付かせ、身近な人に親切にすることで、親切を広げようとする意欲を高める。
導入	○友だちがしている「いいことだな」と思って自分も真似してみたことがある人はいますか。	○一つしかないものを何人かで取り合ったことはありますか。そのとき、どうしましたか。	○皆さんは、上級生から親切にしてもらったことはありますか。そのとき、どう思いましたか。
展開	○おおかみは、うさぎやつね、たぬきにはどこちら、どれも、くまに言って追い返したのに、くまには「おれもどうだ」と言ったのはどうしてだと思いますか。○体が小さいものが道をゆずるのが当たり前だと思っていたおおかみは、体の大きいくまがゆずってくれた後、くまの後ろ姿を見ながら、どんなことを思ったでしょうか。○おおかみは、きつねやたぬきを追い返してうさぎを抱き上げて後ろへそっと下ろしたときの方がうさぎを追い返したときよりいい気持ちになったのは、どうしてだと思いますか。◎みんなも誰かに親切にして、いい気持ちになったことはありますか。そのとき、どんな親切をして、どれくらいいい気持ちになりましたか。	○一人しか渡れない一本橋の両側に渡りたい人がいるときは、どうしたらいいか、この話の中で出てきた3つのやり方を探してみよう。○相手を追い返す。自分が戻る。相手を抱き上げて後ろへくだす等の3つのやり方のそれぞれについて、よいところと悪いところを考えてみましょう。○他にもっとよいやり方はないか、考えてみましょう。◎出てきたやり方の中で、一番よいと思うやり方とその理由を考えてみましょう。	○おおかみは橋でうさぎやきつねを追い返していましたが、毎日そうやっていると、みんなからどう思われるでしょうか。○くまとぶつかったとき、どうしておおかみは「おれもどうぞ」と言ったのでしょうか。○次の日、力が強くて体が大きいけれども親切なくまの真似をして、おおかみもうさぎを抱き上げて後ろへそっと下ろしていい気持ちになりました。くまぐらいの大きさやおおかみと同じくらいの大きさのねこと橋で出会ったら、おおかみはどうしたでしょう。◎くまやおおかみが橋を渡るときに、向こうから渡ってくる相手を抱き上げたり道を譲ったりしていたら、みんなはどんなふうに橋を渡るようになるでしょう。
終末	○みんなが話してくれた親切の取り合いも真似をしてみたいなと思ったことを書きましょう。	○これから一つしかないものの取り合いになったとき、どうしたらよいと思いますか。	○学校の中で、皆さんが周りに広げたい親切について考えてください。

行為の理想追求型授業では，ねらいは，主人公のおおかみの体験を自分に置き換えて，「周囲の友だちがしている親切な行為を真似て実践してみたいと感じる心情を育てる」としました。そして，展開段階の発問で主人公のおおかみの行為や思考を追っていき，中心発問で「みんなも誰かに親切にしていい気持ちになったことはありますか。その時，どんな親切をして，どれくらいいい気持ちになったか教えてください」というように，資料から離れて自分自身の経験を振り返らせながら気持ちを問うオーソドックスな展開になっています。小学校低学年の場合には，終末の発問を受けて授業後に親切な行為をしてみる子どもたちが何人か出てくることが予想されるので，帰りの会で友達の親切な行為を紹介する場を設けて，その後の生活につなげることができるでしょう。ただし，自分が思っている「親切な行為」が相手にとって，して欲しいことか，うれしいかといった，親切がおせっかいにならないための配慮については，この授業には含まれていません。その点で，小学校1年生の比較的早い時期に行うのに向いている授業と言えます。

行為判断力追求型授業では，ねらいは「相手と取り合いなどになったときに，相手に譲ったり親切にしたりすることのよさを判断する力を育てる」としました。そして，展開段階の発問で一本橋での問題状況を提示し，資料に出てきた3つの解決策についてよい点と悪い点を考えさせ，悪い点を改善できるような他のやり方についても検討させた上で，中心発問で一番よいやり方とその理由を考えさせることにしました。そして，導入と終末に「一つしかないものの取り合い」という同じ課題について，これまでどうしていたか，この授業を通して今後どうしていきたいと思うかを考えさせ，比較することで学習成果を評価できるようにしています。この課題は，資料の通りにすることが必ずしも正解ではなく，場面の状況に応じて適切な方法は変わりますが，いくつかの方法のよいところと悪いところを考えた上で適切な方法を選ぶ判断力を身に付けさせることをねらいとしています。したがって，教師がこのねらいを押さえずに解決策を答えさせるだけになってしまうと，導入と終末の発問の回答が変わらず，評価ができないといった事態に陥りやすい授業と言えます。

集団の成長追求型授業では，ねらいは「身近な人に親切にすることで親切を

広げようとする意欲を高める」としました。そして，展開段階では，「おおかみが他の動物を毎日追い返していると，みんなからどう思われるか」，逆に「おおかみがくまのように相手を抱き上げたり道を譲ったりしていたら，みんなはどんなふうに橋を渡るようになるか」について対比的に考えさせるようになっています。したがって，自分の行為が周囲の人々からどのように見られるかといった他者意識が，子どもたちにある程度発達していることが前提となっている授業と言えます。

2.「富士と北斎」
（小学校中学年：行為の理想追求型・生き方の理想追求型・人格の向上追求型）

「富士と北斎」は，19歳から絵を描き始めて90歳で亡くなった葛飾北斎の人生について，50歳から75歳頃の富士山との関わりを中心に紹介した教材です。教材の作者が意図した内容項目は「感動，畏敬の念」で，「美しいものや気高いものに感動する心をもつこと」です。人物の伝記的な教材は，その人物の人生の一部を切り取って編集されたものであるため，資料に書かれた内容だけではわかりにくい部分について，情報やエピソード等を収集しながら教材分析を進めることを特に意識する必要があります。ただし，分析者の個人的な興味関心で情報収集を行うと際限がなくなる恐れもありますので，内容項目や授業のねらいにつながる情報やエピソードかどうかをある程度意識して収集することが大切です。この教材では，50歳までに北斎がどのような社会的地位を築いていたかという点については，人気のある浮世絵師という程度しか示されておらず，75歳頃から後の人生やその後の作品に対する評価についても明確ではないため，これらの情報を追加して教材分析を行っています。

表7－2は，教材分析に基づいて，行為の理想追求型・生き方の理想追求型・人格の向上追求型の3つの類型についてねらいと発問の例を示したものです。内容項目はいずれも「感動，畏敬の念」で，行為の理想追求型では道徳的心情を，生き方の理想追求型では道徳的態度を，人格の向上追求型では道徳的実践意欲を主に育てるねらいとなっています。

76　実践編

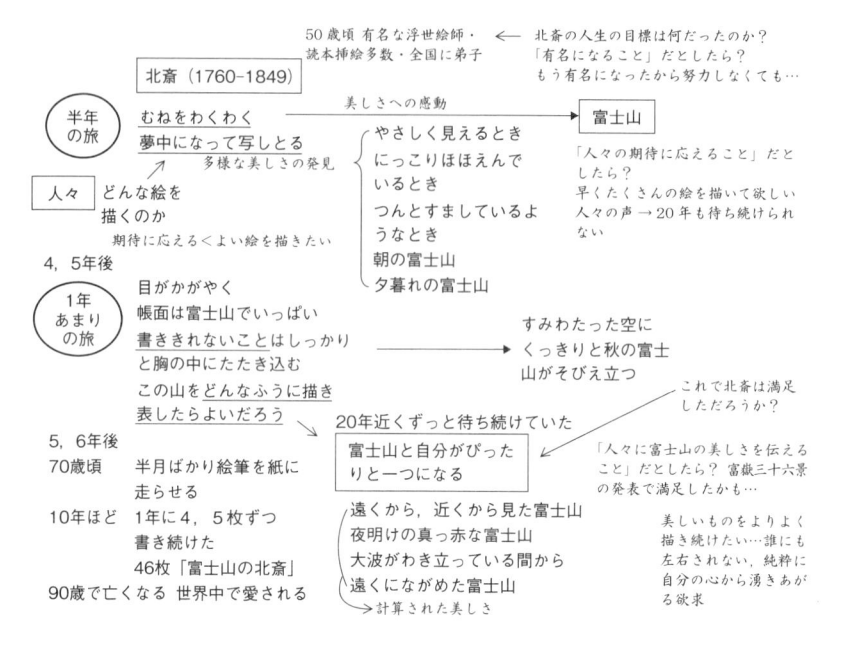

```
                          50歳頃 有名な浮世絵師・    ← 北斎の人生の目標は何だったのか？
                          読本挿絵多数・全国に弟子      「有名になること」だとしたら？
       北斎（1760-1849）                              もう有名になったから努力しなくても…
 ┌───┐  むねをわくわく   美しさへの感動    ┌─────┐
 │半年│  ─────────                    →│ 富士山 │
 │の旅│  夢中になって写しとる  やさしく見えるとき  └─────┘
 └───┘  ─────────     にっこりほほえんで    「人々の期待に応えること」だと
               多様な美しさの発見   いるとき           したら？
 ┌───┐ どんな絵を         つんとすましているよ  早くたくさんの絵を描いて欲しい
 │人々 │ 描くのか          うなとき            人々の声→20年も待ち続けられ
 └───┘                   朝の富士山          ない
          期待に応える＜よい絵を描きたい  夕暮れの富士山
   4、5年後
 ┌───┐ 目がかがやく
 │1年 │ 帳面は富士山でいっぱい
 │あまり│ 書ききれないことはしっかり        すみわたった空に
 │の旅 │ と胸の中にたたき込む        ─→ くっきりと秋の富士
 └───┘ ─────────              山がそびえ立つ    これで北斎は満足
         この山をどんなふうに描き                          したろうか？
         表したらよいだろう  20年近くずっと待ち続けていた
                         ┌──────────┐  「人々に富士山の美しさを伝える
  5、6年後                │富士山と自分がぴった│   こと」だとしたら？ 富嶽三十六景
  70歳頃  半月ばかり絵筆を紙に │りと一つになる    │   の発表で満足したかも…
         走らせる            └──────────┘
                           遠くから，近くから見た富士山   美しいものをよりよく
  10年ほど 1年に4、5枚ずつ    夜明けの真っ赤な富士山      描き続けたい…誰にも
         書き続けた          大波がわき立っている間から    左右されない，純粋に
         46枚「富士山の北斎」 遠くにながめた富士山         自分の心から湧きあが
  90歳で亡くなる 世界中で愛される →計算された美しさ        る欲求
```

図7-2　「富士と北斎」の教材分析

　行為の理想追求型授業では，ねらいは「美しさに共鳴する心のよさに気付かせる」としました。そして，富士山に出会ってその美しさに魅了された北斎の思いについて考えさせる発問をした上で，中心発問「北斎はどんな気持ちで十年間富士山を描き続けたと思いますか」につなげています。また，導入と終末では富士山の絵をノートに描かせて，ただ形を思い起こして描くことと美しさを表現しようとして描くことの違いに気付かせることで，美しさに共鳴する心のよさに擬似的に気付かせようとしています。この形式の授業の課題として「美しさに共鳴する心」のような抽象的なねらいの場合，行為に明確には表れないため評価が難しいことが挙げられます。しかし，導入と終末に絵を描かせることによって「美しさに共鳴する心」の変化を，参考程度ですが，見られるようにしています。

　生き方の理想追求型授業では，ねらいは「美しさを追究する生き方を尊重する態度を育てる」としました。すべての人が北斎のような生き方をする必要は

第7章　各授業類型のねらいと発問の特徴　77

表7-2　[富士と北斎]のねらいと発問の例

	行為の理想追求型授業	生き方の理想追求型授業	人格の向上追求型授業
ねらい	自然の美しさへの感動をさらに深めて多様な美しさを発見し、表現するために徹底的に美しさを探究する北斎の姿に気付かせ、美しいのを共鳴する心のよさに気付かせる。	人々の期待に応えることよりも、自然の多様な美しさを求めてその表現技法を徹底的に追究する美しさを追うことを徹底した北斎の選んだ生き方を尊重する態度を育てる。	美しいものをよりよく描きたいという、北斎の誰にも左右されない純粋に自分の中から湧きあがる思いに従って生き方を通して、美しさを意識する習慣づくりの意欲を育てる。
導入	富士山の絵をノートに描いてみてください。どんなことを思って絵を描きましたか。	「神奈川沖浪裏」の絵を見せる。○この絵を見て、「すごい」と思ったところはどこですか。	○普段の生活の中で、「きれいだな」「美しいな」と思ったことはありますか。
展開	今日は20年近くかけていた人の話を読みます。○北斎が富士山と出会ったこと、夢中になって富士山を写したのはなぜでしょう。○北斎が最初に富士山を見たのは50歳くらいで、すでに有名な浮世絵師だったのです。富士山の絵を描けばすぐに高い値段で売れたはずです。それなのにずっと富士山の絵を描かなかったのはなぜでしょう。◎「富士山と自分がぴったり一つになった」という北斎は、どうなることだろうか。○北斎は、どんな気持ちで、10年間、富士山を描き続けたと思いますか。	○有名な浮世絵師の北斎が半年の旅から江戸に帰ってきたとき、人々はどんな絵を描いてきたかと待っていたことでしょう。お金のことを気にしない生活をしていて貧乏だったのに。○絵はあまり描かなかったのに。○20年近くかけて自分が「富士山と自分がぴったり一つになった」のを待って描けた。その後近く10年はどんどん70歳まで富士山の絵を46枚も描きました。これで北斎は富士山を描くのに満足したでしょうか。○その後75歳の頃からさらに美しい富士山を描こうと、80歳を過ぎても100枚以上描いた北斎は「猫一匹も描けないぞ」と嘆いて涙を流しています。そういう北斎の生き方を支えているものは何でしょう。◎人々の期待に応えようとする生き方、美しさを追求する生き方、それぞれの生き方を考えましょう。	○50歳の北斎は全国に弟子がいて、人気のある有名な浮世絵師でした。もし北斎の人生の目的が「有名になること」だったら、どうしたと思いますか。○もし北斎の人生の目的が「人々の期待に応えること」だったら、どうしたと思いますか。○もし北斎の美しさを伝えることだったら、どうしたと思いますか。○北斎が富士山の美しい絵を46枚も描いたと思います。○北斎が「120まで生きるんだ」と思って絵を描き続けたのは、どんな北斎の美しさを描いていったから思いますか。○美しいものを見て、絵にしたりしたことはありますか。家族や友達にみんなが話したりしたことがありますか。みんながそういう習慣を身に付けていったら、このクラスやってみたい家での生活はどんなふうに変わると思いますか。
終末	北斎になったつもりで、もう一度ノートに富士山の絵を描いてみましょう。○どんな気持ちで絵を描きましたか。	○北斎の生き方から学んだことをワークシートに書いてください。	○美しさを意識する習慣づくりのために、クラスでやってみたい活動を考えてみましょう。

ありませんが，人生の中に美しさを追究する部分があることのよさに気付かせることは，子どもたち全員にとって学ぶ価値があると考えられます。教材分析の図には入れていませんが，展開の発問には教材にはないエピソードを入れながら，人々の期待に応えようとする生き方と，美しさを追究する北斎の生き方を対比させる中心発問につなげていきました。また，導入の「この絵を見て『すごい』と思うところはどこですか」については，発問の後に美しさを追究した北斎のすごさがわかるよう，必要に応じて「神奈川沖浪裏」の絵の解説を入れるとよいでしょう。

　人格の向上追求型授業では，ねらいは「美しさを意識する習慣のよさに気付かせ，その習慣作りの意欲を育てる」としました。北斎のレベルで美しさを意識することは難しいですが，展開段階で北斎が人生の目的として美しさをよりよく表現することを選んだことについて考えさせ，それをきっかけに普段の生活の中で美しさを意識する習慣を身に付けることのよさをイメージさせることで，これまでに比べて少しでも美しさを意識する時間を増やすことができればよいのではないでしょうか。中心発問では，北斎の目的や習慣のレベルに比べれば卑近かもしれませんが，子どもたちの日常生活のレベルで美しいものに触れてその美しさを何らかの形で表現する習慣がもたらす変化をできるだけ具体的にイメージさせることで，習慣作りをやってみたいという意欲を育てようとしています。

3．「人間をつくる道―剣道―」
（小学校高学年：価値の理想追求型・状況適応追求型・行為スキル追求型）

　「人間をつくる道―剣道―」は，国や郷土を愛する態度を育てることをねらいとして作成された教材ですが，内容は剣道の礼を大切にする精神が中心に描かれています。そのため，教材分析を行うと礼に関する内容が中心になっていきます。したがって，授業の展開としては剣道の礼を大切にする精神のよさを理解させることを中心にしながら，それが日本人の大切にしてきたことにつながるという形で中心的な内容項目を「礼儀」とし，関連する内容項目を「国や

第7章　各授業類型のねらいと発問の特徴　79

```
ぼく │ 剣道を始めて3年
    きっかけ：日本剣道形…本当にかっこよかった      姿形の美しさ
                        とても美しい
          自分もやってみたい、あこがれ
    最初　きまりをたたきこまれた（正座の仕方、立ち方、礼の仕方）
つら │ 同じ動作の繰り返しばかり（足の使い方、素振りなど）  形式を守ること→人間性を磨く
かった│ 礼の仕方　特に厳しく教えられた ← 何でこんなに礼にこだわるんだろう
    ↓
    初めての試合…これだけいやなことも頑張ってやってきたのだから
              勝てるだろう
    あっという間に一本とられた → このままでは負けてしまう、あせり
          相手の迫力に負けた                          │先生│
  ↗ 負けてしまった → ふてくされた態度で引き上げ ←     あのような見苦しい引き上げを
   このままで稽古には   礼を失った    周りの人には        する人間に剣道をやる資格はない
   励めるだろうか？              どう見えただろう？
  ⦅ 大人の試合…動きが素早く、美しい      勝った側も負けた相手をきちんと見ているから
     負けた方の引き上げ：息が合っていてとても美しい    礼に始まり礼に終わる
              立派な態度 ← なぜ息が合うのだろう？   自分がどのような状況でも相手
 ・悔しいから頑張れる                              を敬い尊重する
 ・相手の強さを認めて  ← 負けて悔しいはずなのにどうして？  剣道の稽古の目的：人間性を
  いないか、負け続け    負けを認める→その後どうする？どうなる？    ＝人間をつくる道 ‖ 磨くこと
  たらやめてしまうかも  悔しさをバネにして頑張ることとの違いは？            姿形を磨く
              相手の長所から学ぶか、相手を倒すために弱点を見つ
              けるか…どちらが人間としての成長につながる？
```

図7-3　「人間をつくる道―剣道―」の教材分析

郷土を愛する態度」とした方が扱いやすいと考えられます。

　資料では、試合に勝って喜んだり負けて悔しがったりする態度は望ましくないという視点で書かれていますが、このような態度にもよさがあるという相対化した視点も持ちながら教材分析をした方が、より広い視野から子どもたちの発言を受け止めて授業を進めることができます。

　表7-3は、教材分析に基づいて、価値の理想追求型・状況適応追求型・行為スキル追求型の3つの類型についてねらいと発問の例を示したものです。内容項目については、価値の理想追求型と行為スキル追求型では「礼儀」、状況適応追求型では「謙虚」とし、いずれも主に道徳的実践意欲を育てるねらいとなっています。

　価値の理想追求型授業では、ねらいを「姿勢よく生活する意欲を育てる」とし、展開段階の発問は「何でこんなに礼にこだわるんだろう」という「ぼく」の思いに触れた上で、試合での先生の言葉から礼を通して姿形を磨くことの意

表7-3 「人間をつくる道「剣道一」」のねらいと発問の例

	価値の理想追求型授業	状況適応追求型授業	行為スキル追求型授業
ねらい	剣道の礼の精神を学ぶことを通して、礼儀を身に付けることは姿形を磨くこと、どんなときにも相手を尊重することができる人間性につけることに気付かせ、姿勢よく生活する意欲を育てる。	悔しさをバネにして頑張ること、相手の強さを認めることの違いについて考えさせることで、負けても礼を尽くすことで相手から謙虚に学ぼうとする意欲を育てる。	勝ってガッツポーズ、相手にも負けしがる姿と、勝っても負けても礼を尽くしてロールプレイを通しての実践意欲を育てる。
導入	○姿勢をよくすることにはどんなよさがあると思いますか。	○負けて悔しいと思ったことはありますか。そのとき、どうしましたか。	○運動会で相手チームに勝ったとき、また、負けたときそれぞれどんなことをしましたか。
展開	○ぼくが剣道を始めたのは、「日本剣道形」を見てどう思ったからですか。 ○「何でこんなにだぎわるんだろう」と思っていたぼくは、どんな思いで礼をしていたと思いますか。 ○試合に負けてぶてっれた態度を取ったぼくを見て、先生が「あのような見苦しい試合をする人間に剣道をする資格はない」と言ったのは、ぼくに何を学んでほしかったからだと思いますか。 ○「人間性をみがいていく」とはどうすることだと思いますか。 ○何でこんなにだぎわるんだろうという疑問に、あなたならどう答えますか。	○初めての試合では、負けた方がわざっとふてくされた態度で引きをしました。もしも先生からなぐさめられたとしたら、この後どう思いますか。 ○大人の試合でついて、ふてた態度を取って悔しがっているはずなのに、立派な態度で引きを上げる方ができると思いますか。 ○負けた時こそ認めて頑張ることの違いについて、それぞれどうなるか、考えてみてください。	○初めての試合で負けたぼくは、ふてくされた態度で引きをし見た方は見えたと思いますか。その姿は周りの人々にどう見えたと思いますか。 ○大人の試合の引きを上げるときでも息が合って、とても美しく見えたり買ったりして気が合います。買った方と負けた方はそれぞれどんなことをしましたか。 ○4人グループで剣道の引きを上げてプレイしてみましょう。最初の2人は、じゃんけんをして勝った方はガッツポーズを、負けた方は悔しがりながら礼をしてください。じゃんけんをして勝った後の2人は、負けた方も悔しがらせて相手をよく見て息を合わせて礼をしてください。 ○最初の礼をしていた人の礼と後の人の礼とどれが一番それぞれ違ったか、グループで話し合ってみてください。
終末	○姿勢をよくするにはどのようにしたいと思いますか。	○今後、負けて悔しいと思ったとき、どのようにしたいと思いますか。	○それぞれのグループで勝った方、負けた方を見ている人の誰から見ても一番よいと思う礼の仕方を考えて、ロールプレイしてみてください。

味について考えさせます。そして中心発問では，この「ぼく」の疑問にどう答えるかを考えさせています。そして，導入と終末に「姿勢をよくすることのよさ」についての発問を入れることで，授業を通しての思考の深まりを評価する形になっています。価値の理想追求型授業の場合，扱う道徳的価値のよさについての言語表現を通して思考の深まりを評価することはできますが，それが実践意欲につながるかどうかを授業中の子どもたちの姿から評価することは困難です。この授業の場合には，展開段階ではやや非日常的な「礼」の意義について考えを深めさせていますが，導入と終末で「姿勢をよくすること」のよさというように，日常生活で実践可能なテーマにつなげることで，その後の生活につなげる工夫をしています。

状況適応追求型授業では，ねらいを「負けても礼を尽くすことで相手から謙虚に学ぼうとする意欲を育てる」とし，展開段階では負けると悔しい思いをすることに焦点を当てます。そして中心発問で，悔しさをバネにして頑張ることと相手の強さを認めて礼を尽くすことの違いと，それぞれの場合にその後どうなるかについて考えさせることで，謙虚に相手の強さを認めて学ぼうとすることのよさにも気付かせる形になっています。したがって，剣道の引き上げのように，負けても悔しさを表に出してはならないと教えるのではなく，引き上げの精神に含まれた，相手から謙虚に学ぼうとする姿勢のよさに気付かせることで，それを生活に生かそうとする意欲を育てる形になっています。

行為スキル追求型授業では，ねらいを「礼を尽くす姿勢の実践意欲を育てる」としました。展開段階では「ぼく」の引き上げと大人の引き上げについて考えさせた上で，2つの引き上げをロールプレイさせます。そして中心発問で，2つの礼の違いについて，当事者の視点と客観的な視点の両面から話し合いをさせる形になっています。その上で，終末では，「勝った方，負けた方，見ている人の誰から見ても一番よいと思う礼の仕方」のロールプレイをさせます。この授業の場合，剣道の礼の型から外れたロールプレイが出てくることも予想されますが，「よい礼の仕方」を考えることに焦点化していれば，恐らく礼をきちんとした上で喜んだり悔しがったりすることへと収束するだろうと考えられます。

4.「言葉の向こうに」
　　　（中学校：行為の理想追求型・行為判断力追求型・集団の成長追求型）

　「言葉の向こうに」は,「相互理解,寛容」をねらいとして作成された資料です。ネット掲示板への書き込みのマナーや煽り・荒らし行為との付き合い方について考えさせることで,ネットの特性やネットモラルの理解を深められるよう配慮されています。

　ネット掲示板などのSNSは多様にあり,その特性も多様で常に変化していますが,共通する基本的な特性として,表面的匿名性（違法行為によって開示請求されない限りにおいて,匿名あるいは自己のアイデンティティを偽った形でのコミュニケーションが可能）・複写拡散容易性（閲覧範囲を限定した情報でも,誰かがコピーして拡散してしまえば公開情報になってしまう）・検索容易性（世界中の類似する文字情報や画像情報を瞬時に検索できる）・削除困難性（一度公開した情報は,投稿者が削除しても誰かが注目して複写していれば,ネット上に残り続ける）が挙げられます。そして,これらの特性を悪用して,匿名で他者を誹謗中傷したり,他人の個人情報を取得して本人に不利益をもたらす形で拡散したりする行為も見られます。SNSの利用経験やその特性の認識については個人差が大きいため,ネットモラルを中心に扱う場合には事前に子どもたちの実態を確認し,必要に応じてSNSの基本的な特性についての共通理解を図った上で教材を用いるといった配慮が必要になります。

　表7－4は,教材分析に基づいて,行為の理想追求型・行為判断力追求型・集団の成長追求型の3つの類型についてねらいと発問の例を示したものです。内容項目については,いずれも「相互理解,寛容」とし,行為の理想追求型と行為判断力追求型では捉え方の変容に基づいて道徳的な態度を育てるねらい,集団の成長追求型では自分の気持ちに折り合いを付けながら不当な中傷をスルーする行為の実践意欲を高めるねらいとしました。

　行為の理想追求型授業では,ねらいを「自分の書き込みに対して様々な受け止め方をする人々がいることを認め,尊重しようとする態度を育てる」としました。

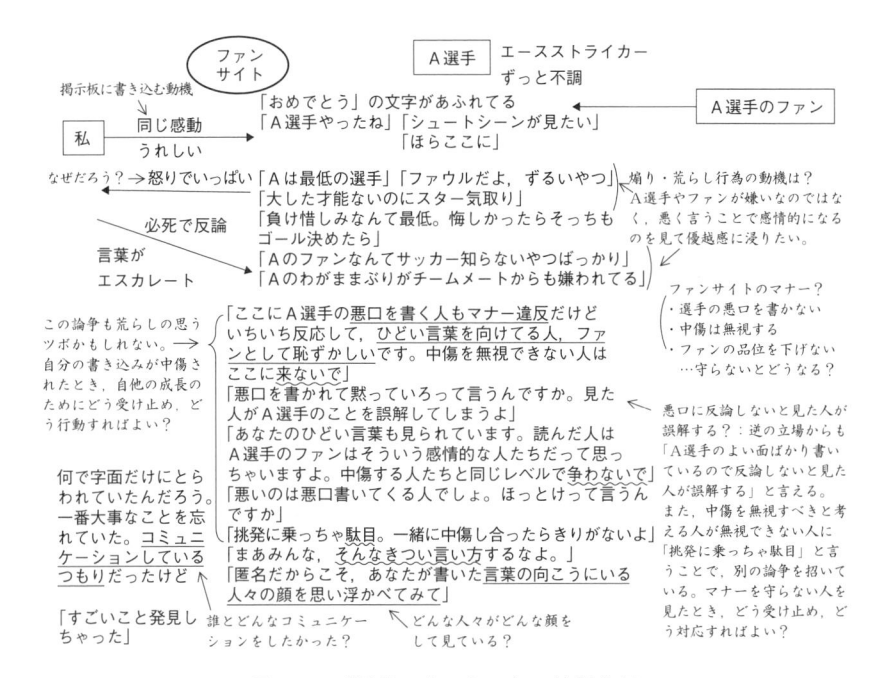

第7章　各授業類型のねらいと発問の特徴　83

図7-4　「言葉の向こうに」の教材分析

　展開段階では掲示板のマナーを確認し、「私」の書き込みがもたらす結果と「私」が掲示板で本来したかったことを対比して考えさせた上で、中心発問で悪口の書き込みをどう受け止めたらよかったかについて考えさせています。特にＳＮＳになじみがない子どもにとっては展開段階の学習活動だけでは客観的な思考に留まりやすいため、導入と終末ではスポーツ選手などのライバルや敵同士のファンとのネットだけでなく現実世界での付き合い方にまで広げて考えさせる工夫をしています。

　行為判断力追求型授業では、ねらいを「規範意識とのバランスの取れた寛容な態度を育てる」とし、展開段階では、「私」のマナー違反を注意する意見と「私」の意見のどちらに賛成するか、また、その理由は何かについて考えさせた上で、中心発問で「マナーを守らない人がいたとき、どう受け止めて、どう対応したらよいか」について考えさせています。マナーの捉え方は人それぞれに違い、厳格に守るべきとする人もいれば、守った方がよいという程度の人、

表7-4 「言葉の向こうに」のねらいと発問の例

	行為の理想追求型授業	行為判断力追求型授業	集団の成長追求型授業
ねらい	ネット掲示板のように不特定多数の人々が読み書きするSNSにおける、自分の書き込みを通して、自分のマナーについて考えることに対して、様々な方をすることを認め、尊重することへの態度を育てる。	ネット掲示板のマナーとマナー違反に対する受け止め方や対応の仕方について多面的に考えることを通して、規範意識とのバランスの取り方について寛容な態度を育てる。	ネット掲示板などでの荒らしや煽りの動機や目的を理解して、自分自身や非難された場合の自分の感情の折り合いの付け方について考えることを通して、不当な中傷や非難をスルーするという意味での寛容さの実践意欲を高める。
導入	○好きで応援しているスポーツ選手や有名人はいますか。 ○もしその選手や有名人の悪口を言われたらどう感じますか。 ○そのスポーツ選手や有名人のアンチやライバルについてはどう思いますか。	○マナー違反をしている人が気になったら、そのときどうしますか？	○ネット掲示板の荒らしや煽りについて知っていますか（荒らし行為の動機について説明する：相手や相手がよいと思っているものを悪く言うことで、相手が感情的になったり論破に浸ったりする姿を見て優越感に浸ることが目的）が相手の思うツボにはまる。
展開	○A選手のファンのマナーとは何でしょう。このマナーはどのようにして決まったと思いますか。 ○悪口を書かれて黙っているのは、どう思いますか。 ○悪口を書いた人がA選手のファンだったら、どうでしょう。 ○掲示板への反論をそのまま続けていくと、私、掲示板に書く・悪口を書くとなったら、どう思いますか。 ○悪口を書かれた時に、A選手がしたかったコミュニケーションはどのようなものだったのでしょう。	○「まあ、みんなそういう言い方しないでよ」というのは、どの発言を指していると思いますか。 ○「中傷を無視できない人はここに来ないでください」という意見、見たくない人が（中傷を）見てA選手のことを誤解してしまうという意見、どちらの意見に賛成しますか。また、その理由は何ですか。 ○マナーを守らない人がいたとき、どう対応したらよいと思いますか。	○「Aは最低の選手」などの書き込みをした人は、「負け惜しみなんで決めつけて最低」「悔しかったらそっちで言ったらどうだ」という書き込みを見てどう思ったでしょうか。 ○荒らし行為をした人は、その後のA選手のファンのやりとりを見てどう取り合って思ったでしょうか。 ○もし、「私」が荒らした人との論争に勝ったとしたら。「私」に注意した人はどう思うでしょうか。この掲示板は論争に勝って、成長するでしょうか。 ○自分の書き込みが中傷、非難されたらなる。あなたはどんな気持ちになるでしょうか。その気持ちにどう折り合いを付けて行動すれば、最も自分の成長につながると言えるでしょうか。
終末	○今後、ライバルや敵同士のファンとネットや現実の世界で出会うことがあったら、どんなことを意識しますか。	○他の人の意見を参考にしながら、マナー違反が気になったとき、どうしたらよいか考えてみましょう。	○他の人の意見も参考にしながら、今後、ネットでの中傷、非難されたときに、自分の気持ちにどう折り合いを付けて行動しようと思いますか。

そもそもマナーを知らない人もいます。そのことを踏まえて，規範意識が強すぎてマナーの違反者を排除する状態とマナー違反に無関心な状態の中庸としての寛容の在り方について考えさせる授業になっています。

集団の成長追求型授業では，ねらいを「不当な中傷や非難をスルーするという意味での寛容さの実践意欲を高める」とし，展開段階ではネットでの荒らし行為などについて，たとえ論争に勝ったとしても何も得るものがなく，掲示板も荒れ放題になってしまうことに気付かせ，中心発問では自分の書き込みが中傷された時の自分の気持ちとの折り合いの付け方について考えさせる形になっています。この授業の場合，ネット掲示板の荒らし行為の問題やその動機について共通理解を図ることが前提となりますので，導入でその説明を行う必要があります。

4つの教材についてねらいと発問例を示しましたが，これらを参考に子どもたちの実態や教師の願いに即したねらいと発問を作成してみてください。

第8章 教材分析の視点

　第7章で各授業類型のねらいと発問を示す際にも教材分析例を示しましたが，本章ではより詳しく教材分析の視点を紹介していきます。これから示す視点や方法もあくまでも例示なので，それを参考にして自分なりの方法を探究していってください。

1．感動教材の図式化による感動の中心の明確化

　感動教材は，読者の多くが資料を読んで心を動かされることを想定して作られた教材です。感動教材は子どもたちを感動させる「力のある教材」と言われますが，その反面で子どもたちが口々に同じような感想を述べ，道徳的価値の理解が深まらないままに授業が終わってしまうことも多く，ねらいを明確にして成果を評価するには扱いづらい教材でもあると言えます。さらに教師自身が感動したことからその教材を選んだ場合には，客観的な教材分析を行うことが困難になるため，教師の感動を子どもたちに伝えたいという情熱だけで強引に授業を進めることにもなりがちです。そこで感動教材を客観的に分析するために，感動の中心を明確にし，子どもたちをどの立場に立たせて授業を展開するかを図式化しながら検討する方法を示します。

　感動教材の例として，童話作家の松谷みよ子が実話を基にいじめをなくしたいという思いから書いた絵本であり，小中学校の読み物資料としても採用されている『わたしのいもうと』を用います。この教材は，転校した小学校で「こ

とばがおかしい」と笑われたことから次第にエスカレートしていくいじめによって不登校になり，自宅に引きこもって拒食状態が続いた結果，高校生の年齢で亡くなった妹と懸命に看病を続けた母親を見守り続けた姉が，妹の思いを伝える形式の詩です。この資料を読めば，子どもたちの大多数が「いもうと」に感情移入して，「いじめはいけない」と強く思うでしょう。そこから「ことばがおかしい」ことや「とびばこができない」ことによって人を差別してはいけないということに気付かせようとしていると考えられます。

　ここからさらに分析を深めるために，登場人物と心情や思考，行動を図式化し，感動の中心を明らかにしていきます。図8-1の上半分が資料の登場人物と心情や思考，行動を図式化したものです。いじめた人たちは，最初は悪気なく，軽い気持ちで「いもうと」のちょっとした違いをからかっていましたが，それが次第にエスカレートしていったと考えられます。そして，他のクラスメートも軽い気持ちで，あるいは自分もいじめられたくないといった理由でいじめに同調し，「いもうと」と口をきかなくなっていきました。その結果，「いもうと」は皆と楽しく遊びたい，一緒に勉強したいという想いが通じない悲しみを抱いて，学校にも行かず，ご飯も食べず，口もきかずに心を閉ざしてしまいました。そして，母親や姉は「いもうと」に何とか口をきいて欲しいし，「いもうと」の心を理解したいと願いましたがその想いも通じず，「いもうと」は亡くなってしまいました。したがって，この教材の感動の中心は「いもうと」と母親や姉の「想いが通じない悲しみ」と考えられますが，この教材が差別によるいじめに焦点を当てて書かれていることから，特に「いもうと」の「差別によって想いが通じない悲しみ」を感動の中心としました。

　その上で，図8-1上半分を基にして，感動の中心やそこから生じる思考・行動を，子どもたちの実態に即した形で図式化しながら考察していきます。この資料では，子どもたちは当初，「いもうと」の立場から「差別によって想いが通じない悲しみ」に共感し，「いじめはいけない」と強く感じると予想されます。しかし，それだけでは差別やいじめをなくすことにはつながりません。いじめる側の立場に立った時，自分たちも悪気なく，軽い気持ちでいじめをしているかもしれないし，傍観者の立場に立った時，自分たちも軽い気持ちで，

図中テキスト（上図）:
- 学校へ行かない ごはんもたべず, 口もきかない 心を閉ざす
- ちょっとした違い → 差別
- 「ことばがおかしい」「とびばこができない」「クラスのはじさらし」「くさいぶた」
- 悪気はなかった 軽い気持ち
- いもうと
- いじめた人たち
- 口をきかない
- 傍観者
- クラスメート
- あそびたかった べんきょうしたかった
- 想いが通じない悲しみ
- 感動の中心
- 軽い気持ちで同調 無関心 自分もいじめられたくない
- 口をきいてほしい 心を理解したい
- 母親・姉

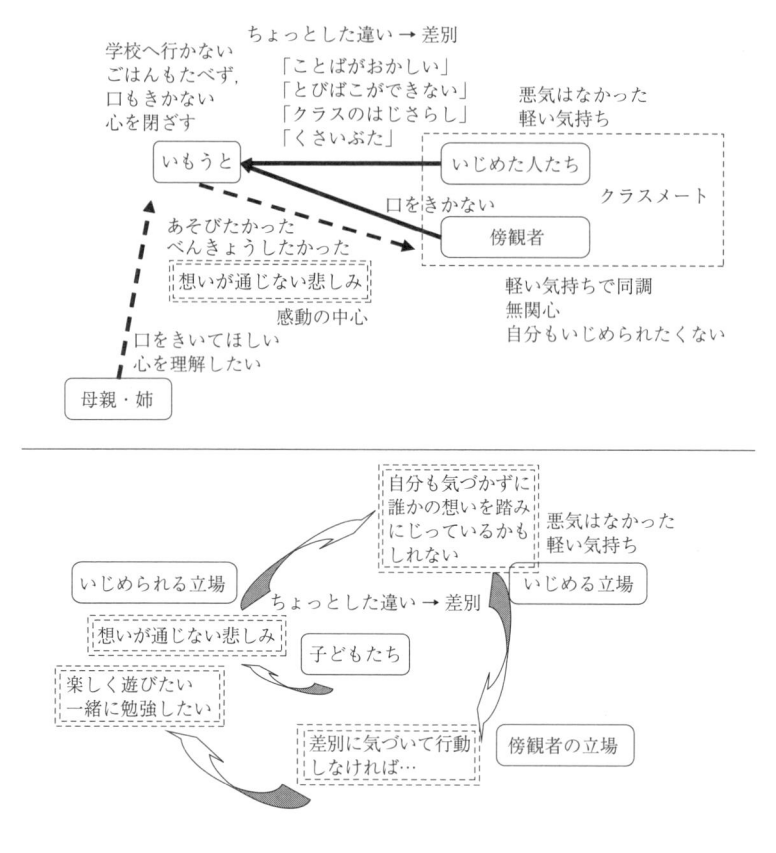

図中テキスト（下図）:
- 自分も気づかずに誰かの想いを踏みにじっているかもしれない
- 悪気はなかった 軽い気持ち
- いじめられる立場
- いじめる立場
- ちょっとした違い → 差別
- 想いが通じない悲しみ
- 子どもたち
- 楽しく遊びたい 一緒に勉強したい
- 差別に気づいて行動しなければ…
- 傍観者の立場

図8-1 『わたしのいもうと』の教材分析例

あるいは自分もいじめられたくないといった理由で, いじめに同調してしまうかもしれないことに気付く必要があります。その上で, いじめをなくすためには, 差別によって不公正な扱いを受けているクラスメートの存在に気付いて行動する必要があることに気付き, 誰もが楽しく遊び, 一緒に勉強できる学級を築いていくために具体的な行動規範を考えるという形で, 子どもたちの学習の流れを想定しました。そして, この検討の過程において, 母親と姉の「想いが通じない悲しみ」にはあまり触れず, 学校でからかいからいじめへと発展していった状況と, 「あそびたかった べんきょうしたかった」という想いに焦点

を当てることにしました。

　このように教材を図式化して感動の中心を明確にした上で，それを基に教材を読んで感動している子どもたちをそこから誰の立場に立たせて，どのように思考を深めていくかを客観的に検討します。そうすることで，感動教材を読んで感動したことを原動力に，子どもたちが本気になって思考を深めていく授業づくりにつなげることができます。

2．時系列分析による資料の枠組みを超えた文脈的視点

　教材分析において，登場人物の言動を時系列で記述する図式化の方法については第7章でも少し触れました。ここではさらに教材に示された登場人物の言動を記述した後，教材の時間的，空間的な枠組みの外の文脈に思考を広げることで，教師自身がより広い視野から多面的・多角的な思考に基づいて授業を構想できる教材分析の視点を示します。

　教材例としては，「相互理解・寛容」をねらいとして作成された『私たちの道徳　小学校五・六年』の「ブランコ乗りとピエロ」を用います。教材分析を行う際には，大きめの紙やホワイトボード，あるいはタブレットのメモ書きアプリにタッチペンで記入するなど，複数の色を使って書いたり消したりが自由にできる道具を用意するとよいでしょう。本書では見やすくするために，実際の教材分析を基にパワーポイントのスライドに活字体で書き写しています（図8-2）が，実際の教材分析ではタブレットを用いて，用紙を拡大・縮小したり，書き込んだ文字を移動させたりしながら，手書きで書き込みを行いました。

　「ブランコ乗りとピエロ」の場面は，サーカス初日を前にピエロがサムに注意する場面，サーカス初日の場面，初日の後の控室の場面，1か月後のサーカス最終日の場面の4つに大きく分けられます。そして，主な登場人物はピエロとサムなので，2人の名前を書いた下にそれぞれの主な行動を時系列で示していきます。発言については，発言の相手を示す矢印を添えて，「　」に入れて示しました。団員たちについては具体的な発言はありませんが，控室の場面でサムやピエロが話す対象になっているので，図の右下に配置しました。大王に

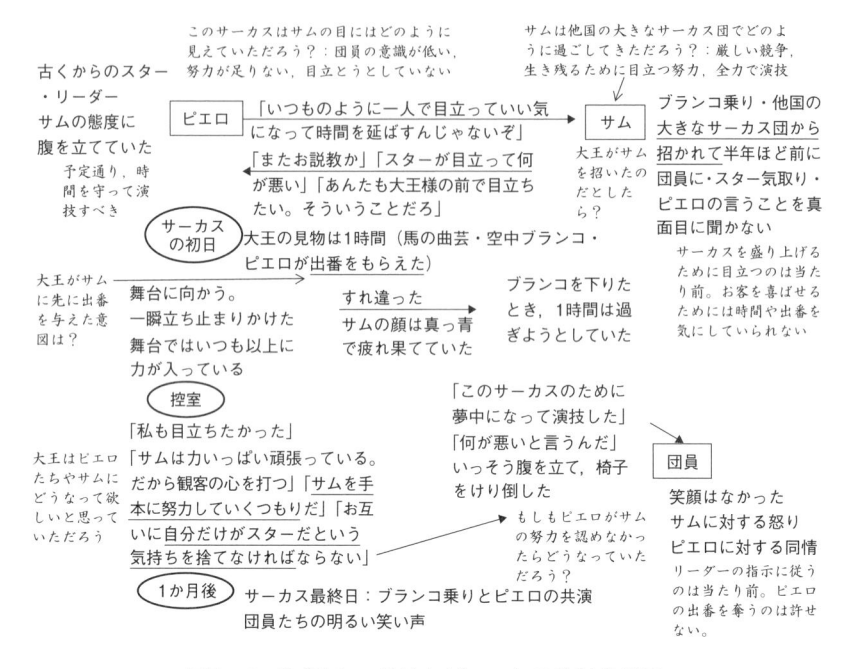

図8-2 「ブランコ乗りとピエロ」の教材分析例

［ピエロ］
- 古くからのスター・リーダー
- サムの態度に腹を立てていた
- 予定通り、時間を守って演技すべき
- このサーカスはサムの目にはどのように見えていただろう？：団員の意識が低い、努力が足りない、目立とうとしていない
- 「いつものように一人で目立っていい気になって時間を延ばすんじゃないぞ」
- 「またお説教か」「スターが目立って何が悪い」「あんたも大王様の前で目立ちたい。そういうことだろ」

［サム］
- ブランコ乗り・他国の大きなサーカス団から招かれて半年ほど前に団員に・スター気取り・ピエロの言うことを真面目に聞かない
- サムは他国の大きなサーカス団でどのように過ごしてきただろう？：厳しい競争、生き残るために目立つ努力、全力で演技
- 大王がサムを招いたのだとしたら？
- サーカスを盛り上げるために目立つのは当たり前。お客を喜ばせるためには時間や出番を気にしていられない

［サーカスの初日］
- 大王の見物は1時間（馬の曲芸・空中ブランコ・ピエロが出番をもらえた）
- 大王がサムに先に出番を与えた意図は？
- 舞台に向かう。一瞬立ち止まりかけた 舞台ではいつも以上に力が入っている
- すれ違った サムの顔は真っ青で疲れ果てていた
- ブランコを下りたとき、1時間は過ぎようとしていた

［控室］
- 「私も目立ちたかった」
- 大王はピエロたちやサムにどうなって欲しいと思っていただろう
- 「サムは力いっぱい頑張っている。だから観客の心を打つ」「サムを手本に努力していくつもりだ」「お互いに自分だけがスターだという気持ちを捨てなければならない」
- 「このサーカスのために夢中になって演技した」「何が悪いと言うんだ」いっそう腹を立て、椅子をけり倒した
- もしもピエロがサムの努力を認めなかったらどうなっていただろう？

［団員］
- 笑顔はなかった サムに対する怒り ピエロに対する同情 リーダーの指示に従うのは当たり前。ピエロの出番を奪うのは許せない。

［1か月後］
- サーカス最終日：ブランコ乗りとピエロの共演 団員たちの明るい笑い声

ついては具体的な発言がなく，他の登場人物との直接的な関わりもないため，今回の分析例では当初は明示していませんが，必要と考えるのであれば明示して言動を記載するとよいでしょう。

　教材の記述から必要と考える情報をすべて記入し終えたら，分析者が感じたこと，考えたことなどを追記していきます。本書では教材の記述についてはゴシック体で，分析者の追記については小さ目の楷書体で示しましたが，分析者の追記は色を変えて書くとわかりやすくなります。資料の情報を1枚の用紙にまとめて記載することで，文章を前から順に読んでいるときには気付かなかった伏線が明確になります。例えば，サムが他国の大きなサーカス団からこのサーカスに招かれて来たのは半年前であるにもかかわらず，大王の見物ではピエロの前に出番がもらえていることや，ピエロもサムも大王の前で演技をすることにこだわっていることから考えると，大王がサムを招いた可能性が考えら

れます。また，大王がピエロより前にサムの出番を与えたことにも何らかの意図があった可能性も考えられます。このように教材には直接的に示されていない潜在的な登場人物の意図や主人公との関係なども教材分析の対象とすることは，より広い視野から授業を構想したり，授業中に子どもたちの一見無関係と思える発言を拾って，子どもたちの思考を深めたりすることにつながります。

　また，教材に示された時間的な枠組みの外に目を向けて教材分析をすることで，資料に示された登場人物の言動の背後にある事情についての多様な可能性を踏まえた授業構想ができるとともに，子どもたちも多面的・多角的な思考に基づく人間理解や道徳的価値の理解を深めることができるようになります。例えば，サムは「目立つ」ということにこだわって，そのために疲れ果てるほどの演技をしますが，それは他国の大きなサーカス団で生き残るための厳しい競争にさらされた経験から来るものではないでしょうか。もちろん，サムのピエロや団員に対する言動には問題もありますが，サムにも腹を立てるだけの理由があることを理解しなければ，ピエロとサムの和解が安易な作り話に読めてしまいます。ピエロについては，背景となる情報がさらに不足しているため，今回の教材分析では昔のピエロには触れていませんが，昔のピエロにもサムのように生き残りを懸けて必死で努力した経験があったからこそ，演技後のサムの姿を一目見ただけでサムの本心に気付けたのかもしれません。

　また，教材に示された時間枠の前の出来事を想像するだけでなく，教材に示された結末とは違う結末の可能性を多様に想像してみることも多面的・多角的に考え，議論する授業づくりに有効です。例えば，控室でピエロが「私も目立ちたかった」と率直に本音を語りながらもサムの努力を認め，和解しますが，もしも素直にサムの努力を認めることができなければどうなっていたでしょうか。実際の組織においても，以前からのやり方に従って保守的に仕事を進めるべきと考える人々と，外から新たに組織に加わって新しいやり方で仕事を改善しようとする人々の間で同様の信念対立は頻繁に起きていますが，ピエロとサムのようにあっさり和解することは困難です。それは，それぞれに正しさがあり，守るべきものや大切にしているものがあるからなので，互いに共有できる目的を模索しながら，時間をかけて少しずつ折り合いを付けていく方法を考え

ることが現実主義的なアプローチとなります。

　このように時間的，空間的に資料の枠組みを超えた形で教材分析を行うことで，時代的にも場所的にも一見，現実とはかけ離れた設定の教材でも，私たちの現実生活に即した形で受け止めて考えることができるようになります。

3．人物教材分析による自分の生き方を考えるための視点

　これまでの教材分析は，「学習指導要領における価値項目を効率よく指導する」ことについて，一定の効果がありました。しかし，人物教材の場合，人物の個性や生き様といった伝記資料本来のもつ「人の生き方に学ぶ」視点が弱くなってしまっていることが課題でした。

　旧学習指導要領の時代，道徳の研究指定校での公開研究会などで，次のような授業に出くわすことが，かなりの確率でありました。確かに人物教材を用いているのですが，中心発問で考えを深める場面で，その人物でなくても言えるような発言に終始してしまっているような授業です。その人物でなくても，どこかのAさんでも成り立ってしまうような話し合いならば，道徳科の学習であえて人物教材を用いる意味はありません。

　道徳科における人物教材の学習は，「この人物だからこそ言える」という思考を児童に求めたいと考えます。本節では，人物教材分析による自己の生き方を考えるための視点について論じます。

（1）道徳科の特質からの視点

　みなさんは，教科・領域の特質ということについて考えたことがあるでしょうか。例えば，国語科や算数科など，その教科ならではの子どもたちの学びの姿があるでしょうし，それには，他の教科・領域の学びの姿と異なる部分があって然るべきだと考えたことはありますか。

　道徳科においても，独自の特質があります。筆者はそれを，「『教材との対話』『他者との対話』『自分との対話』によって，道徳科の学びを楽しもうとする姿」だと考えます。主に話し合い活動を通じてこの学びのプロセスは展開されます

が，子どもたちがこだわる視点で人物の生き方を見つめることで，主体的に学習を組織化し，人物の生き方に学び，自らの生き方を問い直すことができます。「教材に登場する人物の生き方についての問題意識をもった上で，その人物の生き方を支えている思いについて考える」という人物教材の学びのスタイルは，まさにこの特質からくるものなのです。

しかし，モデルとなる人物の生涯や考え方について，子どもたちが何も知らない状態で授業を進めると，子どもたちは主人公の生き方に関係なく，価値に関する知的理解の域から脱することができない話し合いに終始してしまいます。先人の生き方に学ぶ道徳の時間で「対話」を十分に機能させるためには，子どもたちがモデルとなる人物の生涯について，事前に十分に理解を深めておく必要があり，そのための具体的な取り組みが求められます。

(2) 教材と子どもの学びとをつなぐ視点

そこで，教材と子どもをつなぐ視点を教師が持つことが必要となります。教育的価値や教材の構造，学習指導要領などにおける位置付け，内容の系統性や困難性等などを明らかにし，教師として何を教えるかについての分析と考察を適切に加えたとしても，それが実際の授業場面に効果的に生かされなければ，画餅と化してしまいます。

子どもが人物教材と自己の生き方に接点を感じ，主体的に考えていくためには，人物教材と子どもの学びとを有機的に関連付ける方策を考える必要があるのです。

人物教材で道徳科の学習を構想するためには，まず教師自身がその人物の生涯を知るところから教材研究を始めます。人物の生涯を分析・考察するための手段として，以下の4点が挙げられます。

①対象となる人物の伝記を複数集めて熟読し，その生涯を把握する。
②人物の生涯が概観できるよう，年表にまとめる。
③対象となる人物の生涯を貫いた生き方とその根本にあるものを見いだす。
④関連するエピソードや言葉などをピックアップし，詳細を調べる。

この教師の人物教材分析は，子どもの学びと有機的につなぐことで，教材の

人物をモデルとして自己の生き方を見つめるきっかけとなります。そのために，道徳に関するノートやファイル類に教師の教材研究を反映させ，子どもの事前学習を組織化します。この視点は，子どもたちが人物の生涯に興味・関心をもって授業に臨むことを可能とするとともに，人の生き方に学ぶ道徳の時間を作り上げるための基盤になることも期待できます。この具体的な方策の一つが，筆者が「エピソードファイル」と呼ぶプリント集です。

(3) 事前学習の組織化の視点

例えば，教師が人物教材にアプローチするとき，まず年譜で人物の生涯を概観するでしょう。さらに，主だったエピソードを調べたり，その人物の残した名言や格言にふれたりすることもあるでしょう。こうした教師の教材研究の成果をまとめ，子どもたちへの事前学習プリントとして作成するのです。

筆者は，このプリント集を，「エピソードファイル」と呼んでいます。人物教材の場合，筆者は基本的に「年表」「エピソード」「名言やトリビア」の3つをセットにした「エピソードファイル」を作成します。枚数は何枚でも構いません。作成したプリントを，授業から逆算して1日1枚を目安に，宿題として子どもたちに取り組ませるだけです。

この「エピソードファイル」の目的の一つは，授業で扱う人物の生涯に関する子どもたちの知識（レディネス）を，一定程度に揃えるところにあります。そうすることで，道徳の学習中に，子どもが発言をしたときに，「今，この子はこのことについて話しているのだな」ということが他の子どもたちにすぐにつながり，話し合いがスムーズに行えます。

また，人の生き方に内在する諸価値に，子どもたちを意識的にふれさせ，「私はこの人のこの生き方に強く共感する」というこだわりをもってくれることも期待しています。人の生き方を俯瞰してみたとき，一つの価値で成立しているのではなく，諸価値が重層的に複雑に組み合わさっているものです。それを，1日1枚の「エピソードファイル」によって解きほぐしつつ，自分のこだわりへと一人ひとりが焦点化できるようにと考えています。

そして，「エピソードファイル」によって，子ども自身がこだわりをもった

視点から人の生き方を語る道徳の時間となることで，その人物の生き方を自分に返していくことも可能になります。

第9章
発問分析による授業づくりの視点例

1. 閉じた問題解決から開かれた問題解決へ

　問題解決的な学習を取り入れた道徳授業は，2015（平成27）年に出された一部改正学習指導要領でも指導方法の工夫の一つとして挙げられています。ただし，その後に「その際，それらの活動を通じて学んだ内容の意義などについて考えることができるようにすること」とされていることから，単に問題解決策を考えさせて終わりにするのではなく，問題解決策を考える過程で用いた視点や考え方が，道徳的価値の実現にどのようにつながるのかについて考えさせる学習活動を取り入れる必要があります。

　また，問題解決には，例えば第7章の1で示した「はしの上のおおかみ」の一本橋の両側に渡りたい人がいる問題のように，現実的には先に渡り始めた方が先に渡る，あるいは，相手が急いでいる場合には譲るといったおおよその正解がある「閉じた問題」と，第7章の4で示した「言葉の向こうに」のマナーを守らない人がいたとき，どう受け止めて，どう対応したらよいかという問題のように，状況や程度，相手との関係等によって対応は様々であり，正解がない「開かれた問題」の2種類があります。したがって，問題解決的な学習を取り入れる場合には，「閉じた問題」として子どもたちに望ましい問題解決行動を学習させることをねらいとするのか，「開かれた問題」として子どもたちに問題解決に必要な思考方法や視点を学習させることをねらいとするのか，意識して授業づくりを行う必要があります。

この意識を持たずに，本来「開かれた問題」として扱った方がよい教材で，2つの意見のどちらに賛成かを問い，子どもたちはどちらかが正解だと受け止めてしまうと，「閉じた問題」の授業になり，子どもたちが学んだ内容を実生活に活用できない事態に陥りやすくなります。

　例えば，第7章の4で示した「言葉の向こうに」の行為判断力追求型授業の例では，マナー違反をしている人が気になったとき，どう対応するかという問題を中心発問としています。この問題は本来「開かれた問題」ですが，直前の発問では「『中傷を無視できない人はここに来ないで』という意見と『（中傷を）見た人がA選手のことを誤解してしまうよ』という『私』の意見では，どちらの意見に賛成しますか」という，2つの意見から選択させる問い方になっています。この発問を，子どもたちが「どちらが正解か」という発想で考えれば，恐らく「中傷を無視できない人はここに来ないで」という意見が正解で，その理由は「中傷に反論してもきりがないし，他の人たちがサイトを見て不愉快になり，A選手のファンは感情的な人たちだと誤解してしまうから」という捉え方が正解だと，多くの子どもたちが受け止めるでしょう。その結果，子どもたちが学ぶことは，「SNSでの中傷は無視すべきであり，そのマナーを守れない人にはやさしく注意する」というマニュアル的な問題解決策になりがちです。

　もちろん，SNSを使ったことがない，あるいはSNSの初心者が大多数の学級であれば，このような「閉じた問題」解決の授業を行うことは有効ですが，子どもたちの大多数がすでにSNSを利用している学級の場合には，ねらいの設定において問題を捉える視点を明確にし，より現実的で「開かれた問題」解決の学習活動を設定することで，子どもたちが本気になって考え，議論する授業に改善することが必要になるでしょう。

　表9-1に，改善前と改善後のねらいと発問例を示しました。改善前のねらいでは「規範意識とのバランスの取れた寛容な態度を育てる」となっていますが，具体的にどのような視点や思考に基づいてバランスを取るのかが不明確です。そこで，改善後ではより具体的に「それぞれの立場の正しさに配慮しながら，できる限りお互いを尊重したコミュニケーションを取ることのできる寛容な態度を育てる」として，それぞれの立場に正しさがあることを認めようとす

表9-1 「言葉の向こうに」の行為判断力追求型授業の改善

	行為判断力追求型授業（改善前）	行為判断力追求型授業（改善後）
ねらい	ネット掲示板のマナーとマナー違反に対する受け止め方や対応の仕方について多面的に考えることを通して、規範意識とのバランスの取れた寛容な態度を育てる。 ※「規範意識と寛容」とは何かが抽象的で不明確 ※「それぞれの正しさとコミュニケーション」を大切にしようとしている	ネット掲示板の管理人の立場から、価値観や立場の多様性を認めた運営方針を考えることを通して、それぞれの立場の正しさに配慮しながら、できる限り互いを尊重したコミュニケーションを取ることのできる寛容な態度を育てる。
導入	○マナー違反をしている人が気になったことはありますか？ そのとき、どうしましたか。	○マナー違反をしている人が気になったことはありますか？ そのとき、どうしましたか。
展開	○「まあ、みんなそんなきついこと言う方するなよ」というのは、どの発言を指していると思いますか。 ○「中傷を無視できない人はここには来ないで」という意見を見て、どちらの意見に賛成しますか。また、どう対応したらよいと思いますか。 ○マナーを守らない人がいたとき、どう受け止めて、どう対応したらよいと思いますか。 ※賛成の理由を挙げるだけでは問題点を捉える視点までは明らかにならない。 ※書き込み削除の理由の説明とその後どうなるかの考えをさせると、それぞれの立場の正しさに配慮し、互いを尊重したコミュニケーションに必要な視点に気付かせようとしている。	○このファンサイトには、①A選手を批判する書き込み、②「私」が批判する書き込み、③A選手のファンが批判する書き込み、④「私」が「私」への批判に反論した書き込み、⑤ほかのファンが「私」の批判した書き込みに反論した書き込み、⑥「私」が「私」への批判に反論した書き込みがあります。⑦中立的な立場の書き込みもあります。このファンサイトをよく利用できるようにするために、このサイトの管理人だとしたら、どの書き込みをどのように削除し、その理由をどのように説明しますか。その方針で運営するとこの後サイトがどうなると思うか話し合ってください。 ○ここまでの話し合いを基に、今度は「中傷を無視できない人はここには来ないで」と書いた人の立場から、ファンサイトにマナー違反の書き込みを見つけたとき、どう対応したらよいと思いますか。
終末	○他の人の意見も参考にしながら、今後、マナー違反が気になったとき、どうしたらよいか考えてみましょう。	○他の人の意見も参考にしながら、今後、マナー違反が気になったとき、どうしたらよいか考えてみましょう。

98　実践編

る思考，互いを尊重した発言かどうかという視点に基づいた寛容な態度を学ばせることを明確にしました。その上で，展開段階ではファンサイトの管理人の立場から，どの書き込みを削除し，その理由をサイトにどのように説明するか，その結果，サイトはどのようになるかについて考えさせる学習活動を行う形に変更しました。そして，中心発問では「中傷を無視できない人はここに来ないで」と書いた人の立場からファンサイトにマナー違反の書き込みを見つけたとき，どう受け止めて，どう対応したらよいかを考えさせるようにしました。この授業は，学級の大多数がすでにSNSを利用している前提で，掲示板の煽り行為や論争の問題をサイトの管理人の立場から客観的に捉えて考えさせます。その上で，マナー違反が気になった時，どうしたらよいかという「開かれた問題」について，自分とは異なる他者の視点や思考も参考にしながら，自分なりの答えを見つけ出す形になっています。

発問は全体的に行為判断力追求型になっています。しかし，中心発問の直前の「その後サイトがどうなると思うか」については，現実適応追求型の発問を入れることで，自分や相手の考え方に見落としている視点がないかを確認させるようになっています。

2．「気持ちがあればできる」から「こうしたらどうなるか」へ

従来の行為の理想追求型授業の多くは，「よい行動をすればよい気持ちになり，悪い行動をすれば悪い気持ちになるからよい行動をしよう」と，子どもたちを説得する心情主義的な授業となっています。大人から言われたことを素直に模倣する小学校低学年ではこの方法が有効な場合も多いですが，学年が上がって，よいことをしようとする気持ちがあっても現実にはできない理想と現実のギャップを経験するにつれ，心情主義的な授業では建前と本音の使い分けを学ばせるに留まりがちになります。その要因の一つとして，心情主義的な授業では「気持ちがあればできる」という暗黙の前提が存在することが挙げられます。

しかし，現実生活で私たちは「よいことをしよう」とか「ルールを守ろう」

という気持ちに基づいて行動しているでしょうか。実際には「こうしたらどうなるか」という予期的意識に基づいて，様々な可能性を考慮に入れた上で行動の選択をしているのではないでしょうか。

　行為の理想追求型授業を改善する一つの方法として，「もしも，資料には書かれていない行動を主人公がとったとしたらどうなるか」について考えさせる発問を取り入れることで，具体的にその行為のよさに気付かせる方法が考えられます。例えば，文部科学省の『私たちの道徳　小学校　活用のための指導資料』に示された『わたしたちの道徳　小学校三・四年』の「よわむし太郎」の展開例の事例①として，展開段階の発問が4つ示されています。この発問例では，主人公の太郎が自分をばかにしている子どもたちの大切にしている鳥を狩りの獲物として打ち殺そうとする殿様を見て，「打ってはだめだ」と立ちはだかり，「お前も鳥といっしょに仕とめてしまうぞ」と言われても動かず，子どもたちのために鳥を守った時の気持ちの変化を確認していきます。そして，太郎が勇気を出して行動した結果，子どもたちが喜んでくれてよかったという気持ちに気付かせ，太郎のように勇気を出して行動することのよさに気付かせる形になっています。

　しかし現実には，「正しいことだから」といって勇気を出して行動すれば必ずよい結果になるとは限らず，相手に自分が正しいと考えた理由や事情をうまく伝えられずに，むしろ悪いことをしていると誤解されることも少なくありません。そういった小学校中学年の子どもたちが直面しがちな現実を踏まえれば，ただ「正しいと判断したことは，進んで行おうとする態度を育てる」というあいまいなねらいから，「正しいと判断したことについて，なぜ正しいのかを言葉にして相手に伝えようとする態度を育てる」といった，資料に即したより具体的なねらいを設定することができます。

　その上で，「もしも太郎が『だめだ』と言っただけで立ちはだかっていたら，殿様はどうしたと思いますか」と発問して想像させることで，太郎の正しさの伝え方のよさに気付かせ，その伝え方の具体的なよさについて学ばせることにつなげることができます。さらに，この授業をきっかけに，特別活動や総合的な学習の時間を用いて，相手を尊重しながら自分の思っていることを伝える，

第9章　発問分析による授業づくりの視点例　101

表9-2　[よわむし太郎]の行為の理想追求型授業の改善

	行為の理想追求型授業（改善前）	行為の理想追求型授業（改善後）
ねらい	正しいと判断したことは、進んで行おうとする態度を育てる。 〔どうすれば進んでいけるようになるか、不明確。〕 〔主人公の言動から読み取れる勇気ある行動のよさを、より具体化して示した。〕	正しいと判断したことについて、なぜ正しいのかを言葉にして相手に伝えようとする態度を育てる。
導入		○自分は正しいと思っていても相手に言えなかったことはありますか。
展開	①太郎は、子どもたちが白い鳥を大切にしているのを見て、どのように思っていましたか。 ②「おまえも鳥といっしょに仕とめてしまうぞ」と殿様に怒鳴られても、殿様の前に立ちはだかっていた太郎は、どのようなことを考えていましたか。 ③子どもたちが太郎に走り寄ってきたとき、太郎はどのように思いましたか。 ④太郎のように、思い切って勇気を出して行動したことはありますか。 〔結局、「太郎のように行動しよう」という説得で終わっている。〕	a○太郎は、子どもたちが白い鳥を大切にしているのを見て、どのように思っていましたか。 b○「おまえも鳥といっしょに仕とめてしまうぞ」と殿様に怒鳴られたとき、もしも太郎が「だめだ」と言っただけで立ちはだかっていたら、殿様はどうしたと思いますか。 c○なぜ、殿様は「おまえが子どもたちを思う気持ちと、この鳥の勇気にめんじて、この鳥をとらないことにしよう」と言ったと思いますか。 d○太郎の伝え方のよいところを探してみましょう。 〔資料には書かれていない言動を想定してみることで、太郎の言動のよさに気づかせる。〕
終末		○太郎のように、自分が正しいと思うことを思い切って伝えたら、相手にわかってもらえたことはありますか。

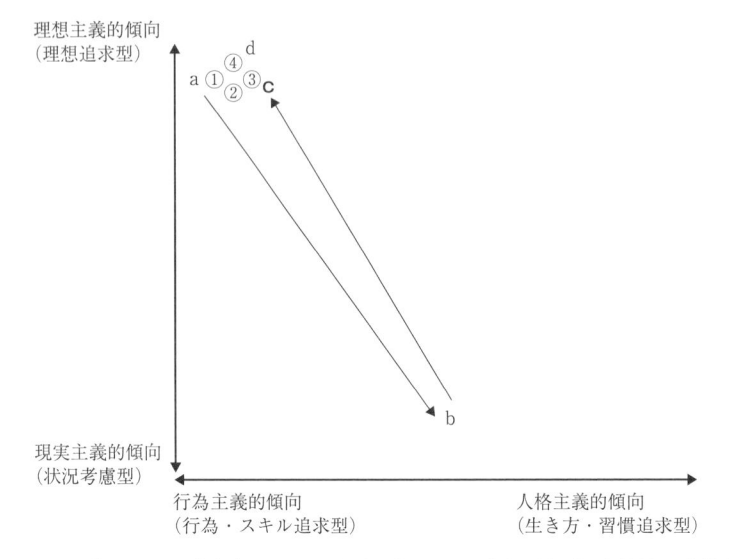

```
理想主義的傾向
（理想追求型）
           d
      a ①④ ③
         ②   c




                         b
現実主義的傾向
（状況考慮型）
       行為主義的傾向        人格主義的傾向
       （行為・スキル追求型）  （生き方・習慣追求型）
```

図9-1 「よわむし太郎」の発問分析（行為の理想追求型授業 改善前・改善後）

アサーションのスキル学習へと発展させていくことも考えられます。

図9-1に，表9-2の各発問を理想主義と現実主義，行為主義と人格主義の2軸平面に配置した発問分析を示しました。改善前の展開段階の発問①～④は，すべて行為の理想追求型の発問となっていますが，改善後の展開段階の発問a～dについては，発問bで現実適応追求型の発問を取り入れた上で，中心発問cでは再び行為の理想追求型に戻る形になっています。

このように1つの類型の発問だけでは限界を感じた場合には，その類型にこだわらず，他の類型の発問を取り入れてみることで授業改善を行うこともできます。また，理想主義と現実主義，行為主義と人格主義の2軸平面に発問を配置する発問分析は，多様な類型の発問を取り入れようとする際に，ねらいと発問の整合性を確認したり，授業後に子どもたちの実際の反応を基に発問がどのように受け止められていたかを確認したりするためのツールとして利用できます。特に，一つの授業類型で，ある程度自分の授業スタイルを確立した後，その課題を克服するために他の授業類型の発問を取り入れようとする場合に，発問分析は非常に有効なツールとなります。発問分析を行う場合には，発問に番

号を付け，図9-1のように2軸平面に番号を配置した上で，類型間を移動する場合に矢印を付けてみましょう。類型間を往復する矢印が繰り返し現れる場合には，ねらいと発問に整合性がなかったり，ねらいに迷いがあったりする可能性もありますので，発問がねらいに向かって自然に流れるよう，発問の修正を検討するとよいでしょう。

3．「こうあるべき」から「どうしたい」へ

　一般に，道徳科の教材分析では「あるべき姿」を基準に登場人物の言動を捉えていきますが，このような理想主義的な視点だけで教材分析が行われた場合，授業の出発点である子どもたちの現実の姿や現実に到達可能な目標である私たち大人の姿を見落としがちです。その結果，ねらいとする道徳的価値が効力を発揮しうる現実生活の場面や状況を見落としたり，よくないとされる姿勢や態度は場面や状況にかかわらず悪いという前提で捉えたりしがちです。そうすると非現実的で抽象的なねらいや発問になり，子どもたちに建前の心構えを答えさせる授業になります。このような授業の改善例として，『私たちの道徳 中学校』の「ネット将棋」を用いて，「こうあるべき」よりも「どうしたい」のかと現実的に考える教材分析を行いました。

　理想主義的視点では，自分の力を誇示して相手を負かす楽しみのために将棋をしている「僕」の行為は「悪い」とみなされがちです。しかし，ゲーム感覚で楽しむ行為は，お互いの了解があれば必ずしも「悪い」とは言えず，むしろストレス解消や気分転換といった「よさ」を生み出す面もあります。現実主義的視点から教材分析を行うと，「僕」のゲーム感覚の楽しみ方と敏和の切磋琢磨する楽しみ方を対比的に捉えることができます。その結果，ゲーム感覚の楽しみ方はストレス解消のような短期的なよさであるのに対して，切磋琢磨する楽しみ方は力を尽くして勝負しながら実力を高め合う点で，長期的に自己を向上させる生き方につながるよさであることが明らかになります。

　文部科学省『私たちの道徳 中学校 活用のための指導資料』に示された「ネット将棋」の展開例の事例②（表9-3左側）のねらいは，「誠実に行動し，

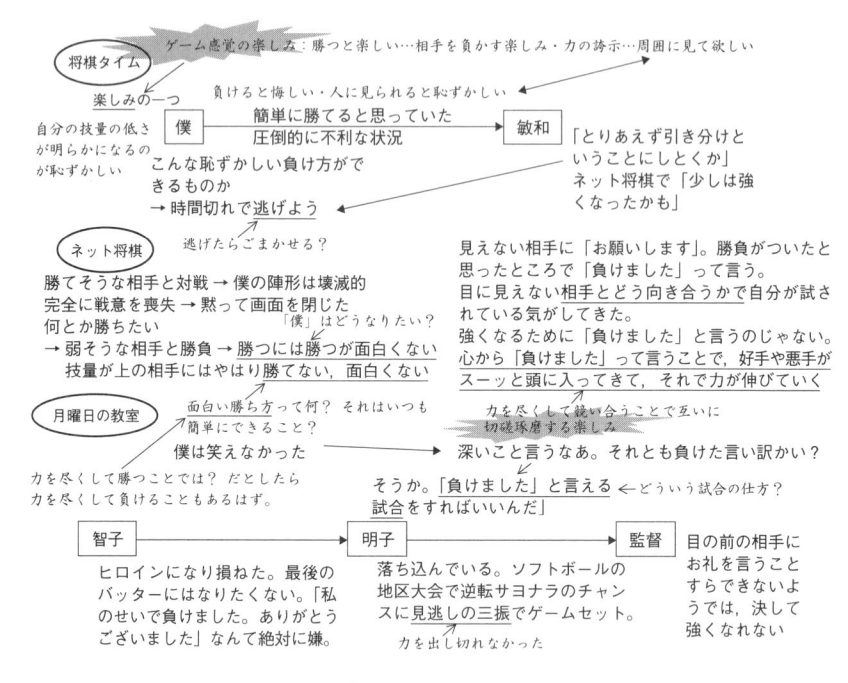

図9-2 「ネット将棋」の教材分析

将棋タイム — 楽しみの一つ
ゲーム感覚の楽しみ：勝つと楽しい…相手を負かす楽しみ・力の誇示…周囲に見て欲しい
負けると悔しい・人に見られると恥ずかしい

自分の技量の低さが明らかになるのが恥ずかしい

僕：簡単に勝てると思っていた／圧倒的に不利な状況
敏和：「とりあえず引き分けということにしとくか」ネット将棋で「少しは強くなったかも」

こんな恥ずかしい負け方ができるものか
→時間切れで逃げよう

ネット将棋
逃げたらごまかせる？
勝てそうな相手と対戦 → 僕の陣形は壊滅的
完全に戦意を喪失 → 黙って画面を閉じた
何とか勝ちたい　「僕」はどうなりたい？
→弱そうな相手と勝負 → 勝つには勝つが面白くない
技量が上の相手にはやはり勝てない、面白くない

見えない相手に「お願いします」。勝負がついたと思ったところで「負けました」って言う。
目に見えない相手とどう向き合うかで自分が試されている気がしてきた。
強くなるために「負けました」と言うのじゃない。心から「負けました」って言うことで、好手や悪手がスーッと頭に入ってきて、それで力が伸びていく

月曜日の教室
面白い勝ち方って何？ それはいつも簡単にできること？
僕は笑えなかった

力を尽くして競い合うことで互いに切磋琢磨する楽しみ

力を尽くして勝つことでは？ だとしたら力を尽くして負けることもあるはず。

そうか。「負けました」と言える試合をすればいいんだ

深いこと言うなあ。それとも負けた言い訳かい？
←どういう試合の仕方？

智子 → 明子 → 監督

智子：ヒロインになり損ねた。最後のバッターにはなりたくない。「私のせいで負けました。ありがとうございました」なんて絶対に嫌。

明子：落ち込んでいる。ソフトボールの地区大会で逆転サヨナラのチャンスに見逃しの三振でゲームセット。
力を出し切れなかった

監督：目の前の相手にお礼を言うことすらできないようでは、決して強くなれない

その結果に責任をもとうとする態度を育てる」とされています。ここでは、「僕」の態度は不誠実かつ無責任で、敏和の態度は誠実かつ責任ある態度と捉えられています。もちろん本気で将棋に取り組むことを相互に了解していればその通りですが、ゲーム感覚や気分転換で将棋を楽しむ場合にはその限りではありません。また、事例②の発問例の三つ目の「誠実とは、どのようなことでしょうか」「誠実に行動するためにどのようなことが大切なのでしょうか」という価値の理想追求型の発問は、敏和や明子のような経験がない生徒には、実感の伴わない抽象的な心構えを答えさせるものと言えるでしょう。

そこで、現実主義的な視点から将棋の楽しみ方について「僕」と敏和を対比させて考えさせる形で、ねらいを「ゲーム感覚の楽しみと切磋琢磨する楽しみそれぞれの結果をイメージすることで、切磋琢磨する楽しみを見つけて自己を向上させる生き方をしようとする意欲を高める」というように教材に即した内

表9-3 「ネット将棋」の人格の成長追求型授業への改善

	価値の理想追求型授業（改善前）	人格の成長追求型授業（改善後）
ねらい	誠実に行動し、その結果に責任をもとうとする態度を育てる。 〔具体的にどのような態度なのか不明確。また、その態度があるべきものと捉えられていて、どうしたら生じるかについて教材に即して分析に基づいていないと思われる。〕	自分の力を尽くすゲーム感覚の楽しみと、自分の力を尽くして競い合うことで互いに切磋琢磨する楽しみ、それぞれの結果をイメージすることで、切磋琢磨する楽しみを見つけて自己の向上をさせる生き方をしようとする意欲を高める。
導入	教材に即した内容項目に変更した上で、どのように意欲を高めるか、具体的に示したい。	a◯コンピューターゲームやボードゲームなどをしていて、負けそうになったので途中でリセットしたり、やめたりしたことはありますか。
展開	①心から「負けました」と言うことができるのは、どのような思いからでしょうか。 ②「心から」という言葉にはどのような意味があるのでしょうか。 ③誠実とはどのようなことでしょうか。誠実に行動するためにはどのようなことが大切なのでしょうか。 〔抽象的な心構えを述べさせるに留まりやすい。〕 〔それぞれの行為が習慣化し、生き方へとつながっていった場合の違いを具体的にイメージさせている。〕	b◯将棋タイムやネット将棋をするのは何を楽しみにしているからでしょうか。 c◯敵わが勝負に負けても心から「負けました」と言えるのはなぜでしょうか。 d◯勝つとうれしく、負けると悔しかったり相手の実力を認め合いながら、互いに将棋のよい点について話し合ってみましょう。 e◎「僕」と敏和が今のネット将棋のやり方をそのまま続けたら、1年後にそれぞれどうなっているでしょうか。
終末		f◎これまでに互いに切磋琢磨する楽しみを経験したことはありますか。また、今後どんなことで切磋琢磨してみたいと思いますか。

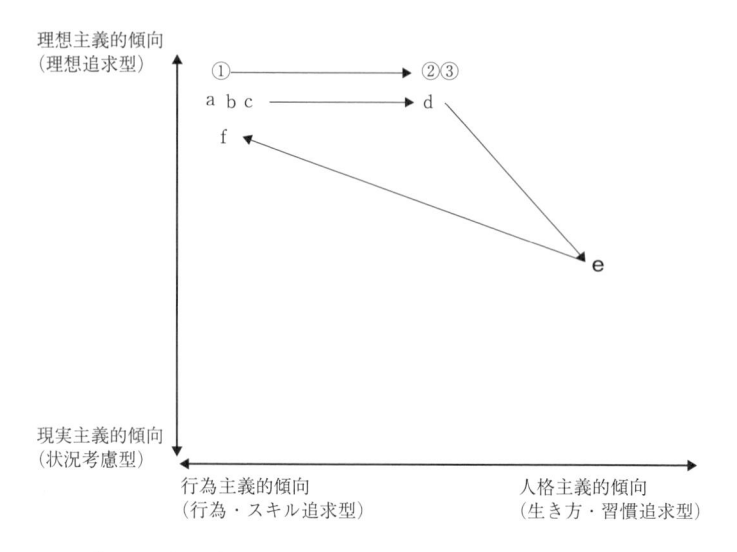

図9-3 「ネット将棋」の発問分析（価値の理想追求型→人格の成長追求型授業）

容項目に変更した上で，結果をイメージさせることによって意欲を高める人格の成長追求型に改善することにしました。そして，中心発問は，「『僕』と敏和が今のネット将棋のやり方をそのまま続けたら，1年後にそれぞれどうなっているでしょうか」と，それぞれの行為が習慣化した場合にどのような生き方の違いにつながるかをイメージさせる形にしました。

それぞれの価値の理想追求型授業と人格の成長追求型授業をそれぞれ発問分析したものを図9-3に示しました。価値の理想追求型授業では行為の理想追求型の発問①，②から価値の理想追求型の発問③に移行する形になっているのに対して，人格の成長追求型授業では行為の理想追求型a，b，cから価値の理想追求型d，中心発問である人格の成長追求型eを経て，再び行為の理想追求型の発問fへと戻っていく形になっています。このように現実主義的な視点および発問を取り入れることで，より現実の生活につなげて考え，議論する道徳授業にしていくことができます。

第10章
授業づくりの実際とさらなる探究1
―― カリキュラム・マネジメントに基づく
道徳授業の探究 ――

1．課題意識と授業づくりの視点

(1) 課題意識

　各学校では，子どもの実態，地域の課題に応じて，知・徳・体のバランスの取れた生きる力の育成を目指して学校教育目標を設定し，その具現化に努めています。特に知育や体育に関わる目標については，校内研究のテーマと関連付けて取り組む学校が多く，目指す子ども像を明確にして年間計画や単元構成を吟味するなど，学校教育目標の具現化に向けた取り組みがなされています。しかし，徳育に関わる目標に関しては，以下の2点からその取り組みが十分ではないと思われます。

　一つ目は，徳育に関わる目標の共有化が十分でないことです。徳育に関わる目標は，「豊かな心，思いやり，優しい心，美しい子など」抽象的な文言が多いため，文言からイメージされる目指す子ども像が明確でなく，指導の成果や課題の共有化も不十分で，個々の担任レベルの捉えで指導がなされ，学校全体として目標具現化の評価が困難になっています。

　二つ目は，道徳性に関わる資質・能力を育成するために核となる教科・領域の学習が不十分であるということです。道徳性を育成する上で核となる道徳科の授業を見ても，登場人物の心情を共感的に読み取り，道徳的価値理解へと方向付けがなされ，価値に基づく理想的な行動を確認はするものの，実践意欲に結び付かない授業実践が多く，学校教育目標の具現化を意識した学習が十分に

なされているとは言い難い現状です。

そこで，学校の教育活動全体を通じて行う道徳教育の要としての特質を生かし，「特別の教科　道徳」（以下　道徳科）を中核とした教科横断の視点で教育課程の見直しを図るとともに，道徳性を育成するために編成された教科・領域の充実を図ることが大切であると考えました。

そして，学校教育目標の「徳育」に関わる重点目標が「規範意識の育成」であったA小学校において，教科横断的視点から道徳科を中核とする小規模な教育課程を編成し，道徳性の目標達成に向けた「主体的・対話的で深い学び」の実現を目指す実践を行いました。

（2）授業づくりの視点
1）意図的・組織的な教育課程の編成
　まず「何を学ぶか」について検討し，道徳科を教育課程の中核に据え，徳育の核となる特別活動や学校行事等を組織的に配列してしっかり機能させていくことが大切であると考えました。そこで道徳科や特別活動で規範の必要性に気付いたり，話し合いで自分たちに必要な規範を作ったりする学習，その他の教科・領域の場面で規範に基づく行動を実践し，振り返ったりする学習を，意図的・組織的に配列するように計画しました（表10-1）。太枠囲みの実践部分は道徳を要として，社会科見学学習や登下校を「問題場面の意識付けや実践の場」，帰りの会を「振り返りの場」として関連付けて学習を組みました。
2）アクティブラーニングの視点からの授業改善
　「どのように学ぶか」については，それぞれの教科・領域における「主体的・対話的で深い学び」が実現されるような学習過程に配慮しました。特に中核となる道徳科においては，道徳的実践意欲を高め，規範に基づく行動に結び付く学習となるため，以下の3点に配慮して授業づくりを行いました。
　①導入部で，社会科の見学学習に行った際に撮影した，交差点を渡る子どもたちの様子の写真を提示し，交通ルールをつい破ってしまうといった課題を自分事として捉えることができるようにした（当事者意識をもって問題場面を捉える）。

②展開部で，登場人物の心情を読み取り，価値理解中心の学習で終わらないように，問題場面を自分事に置き換えて，その状況を回避する方法を考える問題解決的な学習とした（道徳的価値の理解を深める）。
③終末部で，自分が考えた解決方法と現実的な問題場面を結び付けることができるようにした（実際の問題場面を，実感を伴って理解する）。

表10-1　規範意識を育成する各教科・領域等の教育計画

教科・領域	学習内容 （単元または1時間のプロセス）	配慮事項
特別活動 学級の話し合い	学級のきまりについて話し合う活動 1. 学級の問題を共有する 2. 解決方法を話し合う 3. 解決方法を決定する 4. 決めたことを実践する 5. 振り返りを行い，課題を明らかにする。	・きまりを話し合う際は，「なぜそのきまりを守るべきなのか（守ったほうがよいのか）」合意形成の過程を大切にする。
社会科	見学学習 1. 社会科見学のねらいを確認する 2. 見学の計画をたてる 3. 計画に沿って，守るべききまりについて話し合う 4. 施設見学を行う 5. 振り返りを行う	以下のような観点から，実態把握を行う。 ・交通ルール ・施設見学のルールやマナー ・話の聞き方
道徳科	「『右，左，右』まもります」（規則の尊重） 1. 資料への意欲付け 2. 登場人物の心情を理解し，価値理解を図る 3. 解決の方法を考える 4. 自分の生活場面で考える	・見学学習の課題と題材を結び付ける。 ・価値理解に終わらずに，当事者意識を持って問題解決の方法を考える学習を展開する。 ・考えた解決方法が，実生活に結び付くような手立てを講じる。
朝の会 帰りの会	道徳で考えた解決方法や，学級で話し合われたきまりについて実践したことを振り返る	・学級会や道徳と連動させて，意識を持続させる取り組みを行う。

2．授業実践例「『右・左・右』まもります」（小学校3年生）

（1）社会科の見学学習における児童の実態から

　社会科の見学学習では，話す人の顔を見て，メモを取りながら話を聞いており，質問も活発で，質問内容からも話をしっかり聞いていることがわかりました。児童は，日常的に教師によって価値付けされ，指導されている学習習慣（話の聞き方，質問の仕方）については「規範の内面化」が図られており，実践できていました。

　しかし，道路や駐車場における交通ルールや，食事後の後片付け，トイレの水道の使い方などの公共施設見学のマナーについては課題が見られました。「交通ルール」は，互いが安全に生活するために守るべき規範であり，「公共施設のマナー」は社会の一員として生活をより良くするために守るべき規範です。どちらも学校の教育活動において「規範の学習」はなされてきています。しかし，実践の場面で「規範に基づく行動」に結び付いていない事実が明らかになりました。

　このような実態から規範を守って行動しようとする意識を育成していくためには，教育活動のあらゆる場面で「きまりを守ることが，生活をより良くしたり，人間関係を豊かにしたりする」という，規範を守ることの本質的な意義を理解させることと，自覚する場面を意図的に教育活動の中に仕組んでいくことが重要であると考えました。

（2）授業場面ごとの考察
1）問題場面を自分事として捉える場面

　交通ルール違反というのは，本人が自覚せず行っている場合もあり，自分事として振り返るのが難しいことも予想されました。そこで本時では，以下の2つの働きかけにより，子どもたちが問題場面を自分事として捉えることができるか検討しました。

> T2：日頃から登下校時の横断の仕方が問題となっており，これまで先生方より指導がなされてきた通学路の画像を提示する。
> T3：校外学習に出かけた時に授業者と一緒に通った通学路で，授業者との共通体験を想起できる道路の歩き方を話題にする。

《授業の実際》

> T：わたしが「右，左，右」のルールを守らずに飛び出したから事故が起きてしまいました。それぞれ（私，お母さん，運転手，その他）どんな気持ちだったかな。
> C：【わたし】痛い，けが大丈夫かな，心配かけたな，私が悪い，怒られた。
> 　【お母さん】けが大丈夫かな，ひどい運転手，運転手さんに迷惑かけた，うちの子が悪い，仕事を休まなければ。
> 　【運転手】大変なことをしてしまった，けが大丈夫かな，会社に迷惑かけたな，女の子が飛び出してきたのに．
> 　子どもたちが，自分が痛い思いをするだけでなく，いろいろな人に迷惑をかけてつらい思いをさせることを理解した上で，T1の発問を行った。

> **T1：いけないとわかっていても飛び出してしまうことってあるよね。**
> → 多くの子どもに当事者意識をもたせたい。
> C1：「ある，ある」「急いでいる時ね。」 うなずきなど
> C2：残りの子は黙って考えている。
> **T2：A小で危険といわれている箇所の通学路の写真を提示**
> C3：ここ危ないよね。
> C4：私，ここ通って帰ってるよ。
> **T3：見学学習の時の写真を提示し，歩行の様子を語る。**
> T4：見学学習で皆さんと通った交差点です。先生から「しっかり左右見なさい」「走って飛び出さないで」って注意された人いたね。
> C5：前の人に追い付こうと思って，走って追いかけてたよ。
> C6：確かに全然見ないで渡ってたよ。

《「問題場面を自分事として捉える場面」の考察》

T1「いけないとわかっていても飛び出してしまうことってあるよね」という問いかけに対し，3分の1程度の子どもは，C1，C2のように生活経験を想起し，自分事として捉えて反応することができました。しかし，ルール違反について問われているということもあり，全体の前でルール違反を告白することに対する抵抗感であったり，ルール違反を自覚していなかったりすることが予想され，残りの3分の2の子どもたちの反応は鈍いようでした。

そこで，T2，T3の働きかけを行いました。T2ではA小学校で日頃から危険とされている通学路の画像を提示しました。多くの子どもが通学路として利用しており，危険箇所として担任から指導されている道路であり，ルール違反を自覚させる資料として有効だと考えたからです。この写真の提示により，C3，C4のように下校時を思い出して語る子，うなずき同意する子など，画像と自分の経験を結び付けて考えることができました。

さらにT3では，見学学習時に授業者と一緒に歩いた道路の写真を提示しました。この画像は，授業者と子どもたちとの共通体験の場面であり，授業者から注意されたり，声を掛けられたりした子もいたので，これによってルール違反を自覚して当事者意識をもつことができる子もいると考えられました。実際に，C5～C7のように当時の状況を想起した発言や，「(そういう人が) いたいた」とうなずくなど，多くの子どもと問題場面を共有化することができました。

留意すべき点としては，ルール違反をとがめたり，ルール違反をした個人が責められたりする材料とならないように，「思わずやってしまう」という人間的な弱さを理解した上での問いかけである必要があります。

2）道徳的価値の理解を深める場面

登場人物の心情を読み取り，価値理解中心の学習で終わらないように「自分が飛び出してしまう状況」を振り返り，問題場面を自分事に置き換えて，その状況を回避するための方法を考える問題解決的な学習としました。

> T1：一人ひとりが自分の生活経験を振り返り，飛び出してしまう状況を想
>   起させる。
> T2：自分が飛び出してしまう状況に応じて，自分なりの解決方法を考える
>   問題解決的な学習とする。

《授業の実際》

> **解決方法を考える場面**
> T1：君たちはどんな時に飛び出しちゃうの。
> C1：急いでいる時，友達と遊びながら歩いている時，うれしい時，うきう
>   きしている時，考え事をしている時，友達としゃべっている時。
> T2：こんな時どうすればいいの。事故を防ぐ方法を考えてやってみよう。
> C2：おしゃべりしない，交差点はいったん止まるようにする，カーブミ
>   ラーで確認する，交差点では走らないでゆっくり歩く。
> 【場面1】
> C3：交差点ではいったん止まるようにすれば。
> C4：全員，気付かなかったらどうするの。
> C5：交差点が近づいたら誰かが声をかければいい。
> C6：「交差点だよ」って教える。
> 【場面2】
> C7：友達とおしゃべりしないで帰ればいいんだよ。
> C8：帰り道にしゃべらないなんて無理。
> C9：交差点の近くだけおしゃべりをやめればいいんじゃない。

《「道徳的価値の理解を深める場面」の考察》

　T1の「君たちはどんな時に飛び出しちゃうの」という発問に対して，子どもたちは，C1の通り，様々なケースを想起することができました。問い返すと，「見たいテレビを見るために急いで帰る」や「友達と遊ぶ約束をしていてあせっている」「いやなことがあって考え事をしている」など，自分の生活場面と結び付けて具体的にイメージすることができました。

　T2で，そのような時に飛び出さないようにするためにはどうすればよいか，各自のケースに応じた解決方法を考えました。場面1と場面2は，子どもたちから出された解決方法について疑問や異論が投げかけられた場面です。

> 解決方法を考える場面　1

C3の「交差点でいったん止まる」という意見を，C5「気づいた人が声をかける」，C6「交差点だよって教える」ことで，より具体的で実現可能な方法に引き上げたのはC4の「全員が気付かない場合どうするか」という疑問です。単に「交差点で止まる」という約束事の確認だけにとどまらず，実現可能な解決方法まで高まり，実践意欲につながる話し合いになりました。

> 解決方法を考える場面　2

C7「友達とおしゃべりしないで帰ればいいんだよ」という実現困難な意見を，C9「交差点だけおしゃべりをやめる」という実現可能な方法に引き上げたのは，C8「帰り道にしゃべらないなんて無理」という素直な異論です。「おしゃべりしないなんて無理」は，実際に自分が行動に移すことを考えての発言であり，実現不可能な約束事を確認するのではなく，実現可能な解決方法まで高まっており，実践意欲につながる話し合いになりました。

3）実際の問題場面を，実感を伴って理解する場面

　自分が考えた解決方法と現実的な問題場面を結び付けることができるように，テスト形式にして，実際の問題場面を提示し，解決方法を記述式で答える学習としました。

> T1：終末部で実際に課題となっている通学路の写真を提示し，「友達とおしゃべりをしながら歩いています。飛び出さないようにするためにどうしますか」と課題を提示し，カードに書かせる。

《授業の実際》

> 子どものカードから
>
> A　自分の経験と結び付けた思考を表現している
> ・道路を見て車が来たら，車のライト（おそらくウインカーのこと）を見て，右のライトか左のライトかを見る。
> ・曲がり角の真ん中を渡らずに，はじっこを歩道だと思って渡る。
> ・ヘッドホンなどはなるべくしないようにする。
> ・必ずカーブミラーを見る。
> ・下校の時に交差点が4つもあるので勉強になりました。

> 子どものカードから
>
> B　実効性があり，実現可能な具体的問題解決を考え，表現している。
> ・「1回しゃべるのをやめよう」と言って，右，左，右を見て，車が来ていないか確認してから横断する。
> ・相手（運転手）の目を見て，人がいるということを，手を挙げて示して安全に横断歩道を渡る。
> ・「1回しゃべるのをやめよう」と言って，お互いに気を付けながら歩いて渡る。
> ・車のスピードや近さを見る。
> ・近くまで来たら「横断歩道だよ」と教えて，2～3歩下がって奥のほうまで見る。手を大きく上げて，運転手の目を見て頭を下げる。
> ・信号が青でも距離やスピードに気を付ける。

《「実際の問題場面を，実感を伴って理解する場面」の考察》

　子どもの学習カードから，実践意欲に結び付く表現として，A，B 2つの観点に整理することができました。

　Aについては，「カーブミラー」「交差点が4つある」などの記述から，自分の帰り道をイメージして解決方法を考えていることがわかります。Bは，どんな言葉をかけるのか，どこを見るのか，どのような行動を取るのか具体的に記述されています。A，Bは具体的な場所やそこで自分が気を付けること，その際にとる行動が具体的にイメージされており，実効性があり，実現可能な解決方法を考えることができているといえます。

　A，Bの記述には，自分の生活と結び付けて考えていること，実現可能な解決方法を考えていること，生活場面で実践していることなどが表現されており，子どもたちの道徳的な実践意欲が高まり，継続していることがわかります。

（3）まとめ

　本実践では，社会科の見学学習における児童の実態を受け，道徳科の学習を中核に据え，実践の場として登下校時，振り返りの場としての帰りの会などを相互に関連付けました。そして，教科・領域横断的な指導により，規範意識を

育成する実践の有効性を明らかにするために，中核となる道徳の学習における子どもの姿から検証してきました。「社会科見学学習の経験と道徳の題材を結び付けたこと」「見学学習の共通体験を問題場面の共有化で活用したこと」など，社会科と道徳科を関連付けて小規模の教育課程を編成するとともに，核となる道徳科では「主体的・対話的で深い学び」の実現を目指すことで，本時の目標であった道徳的実践意欲を高めることができました。

3．授業スタイルの長所と今後の課題

　本実践では，道徳性の育成のために，①カリキュラム・マネジメントの充実，②アクティブラーニングの視点からの授業改善を行い，2017（平成29）年に公示された学習指導要領の理念の実現を目指しています。①の実践より，教科横断的に教育活動を関連付け，意図的に教育課程を編成して指導していくことが道徳性の育成につながることが明らかになりました。また，②の実践より，当事者意識を高める手立て，問題解決的な学習，価値理解を実生活に結び付ける働きかけなどが有効であることがわかりました。そして，それらが有効に機能することで「主体的・対話的で深い学び」となり，子どもたちの道徳的実践意欲を高める実践につながることも明らかになりました。

　本実践では，社会科の見学学習の共通体験を道徳科の教材として利用する形で教材内容に関する関連付けを図り，核となる道徳科の目標達成に向けた学習を充実させることができました。今後は，社会科で育成を目指す資質・能力を明らかにした上で，育成すべき資質・能力における関連付けを意識した教育課程を編成していくことで，より指導の効果を上げることができると思われます。

　本実践のような小規模な教育課程編成の実践を積み上げながら，徳育に関わる学校教育目標の具現化が図られるカリキュラム・マネジメントの取り組みを充実させていきたいと考えています。

4．さらなる探究に向けて（共編著者からのコメント）

武田先生の授業スタイルの長所は，発問分析からもわかるように，最初に資料の登場人物の心情理解を通して本来あるべき姿を確認させた上で，子どもたちに当事者意識を持たせることができている点と，子どもたちの実生活での問題場面を提示することで，具体的かつ本気で問題解決策を考えさせることができている点にあります。

ただし，この授業スタイルは，授業者が普段から「共感の善悪観」で学級経営を行っているからこそできる授業です。そのような学級経営の基盤なしに形式だけを真似ると，ルールを破っている証拠写真を突き付けて子どもたちを裁く授業になりかねません。また，この授業は，「道徳科はよいこと・正しいことを言わねばならない時間」という子どもたちのイメージを前提としながらも，そのイメージを変えていこうとする点で過渡期にある授業スタイルです。ですから，子どもたちのイメージが「教材を通して自分たちの課題に直面した上で考え議論する時間」へと変わった時には，次の段階へと進む必要があります。

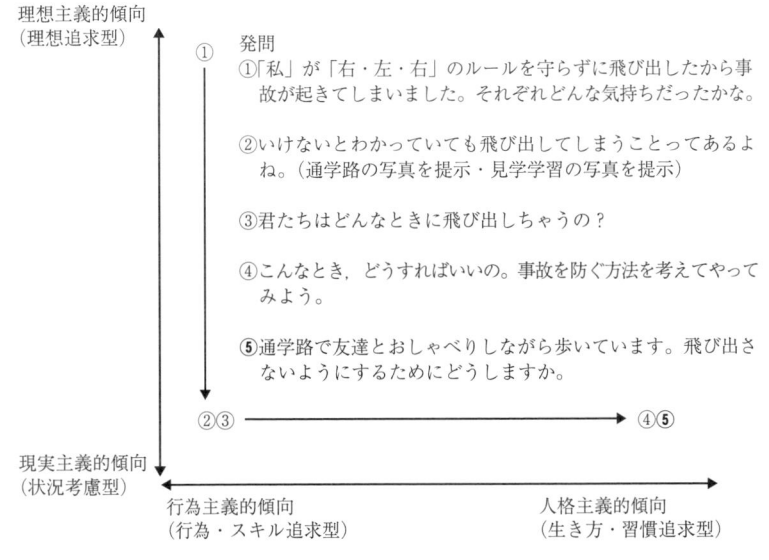

```
理想主義的傾向
（理想追求型）
    ↑
    │ ①  発問
    │    ①「私」が「右・左・右」のルールを守らずに飛び出したから事
    │       故が起きてしまいました。それぞれどんな気持ちだったかな。
    │
    │    ②いけないとわかっていても飛び出してしまうことってあるよ
    │       ね。（通学路の写真を提示・見学学習の写真を提示）
    │
    │    ③君たちはどんなときに飛び出しちゃうの？
    │
    │    ④こんなとき，どうすればいいの。事故を防ぐ方法を考えてやって
    │       みよう。
    │
    │    ⑤通学路で友達とおしゃべりしながら歩いています。飛び出さ
    │       ないようにするためにどうしますか。
    ↓
  ②③ ──────────────→ ④⑤
現実主義的傾向
（状況考慮型）
        行為主義的傾向           人格主義的傾向
        （行為・スキル追求型）    （生き方・習慣追求型）
```

図10-1　「『右，左，右』まもります」の発問分析（集団の成長追求型授業）

その際の探究の一つの方向性として「共感の善悪観」で捉える思考を教師だけでなく，子どもたちにも実践させ，習慣化させる授業づくりが考えられます。
　また，学校教育目標具現化の要として道徳科を位置付けるためには，例えば規則を守るために必要とされる資質・能力を段階的に言語化したコンピテンシー・モデルを構築し，教科・領域の活動や道徳科の複数時間を連携させて，学期や学年ごとにどの段階まで理解させるかの見通しを持って指導しながらもモデルを柔軟に修正し，他の内容項目や教科，領域で身に付く資質・能力との連携を図る方法が考えられます。

第11章
授業づくりの実際とさらなる探究2
―― テーマ発問と構造的板書による授業改善 ――

1. 課題意識と授業づくりの視点

　これまで行ってきた道徳の授業の中で，筆者が特に印象に残っている子どもの言葉は，「道徳の授業はきれい事の話ばかりする」というものです。「道徳の授業は，資料中の登場人物の気持ちを考え，そこから自分の生活を見つめ直す」「1時間の中で目指す道徳的価値から外れた子どもの考えは，優しい無視をする」といった，いわゆる道徳授業における"指導の常識"と呼ばれるものが，呪縛となって自分自身の道徳授業を硬直化させていたように思います。前述の子どもの言葉は，道徳授業に対する筆者の意識を見事に衝いた至言だと受け止めました。それ以降，何があっても，決してきれい事で終わる道徳授業だけはしないと心に誓ったのです。

　とはいえ，逆にどのような道徳授業を目指すのか，それが筆者の大きな課題となりました。そこで，まずは自分自身の道徳授業を見つめ，足りないところは何か洗い出しました。

　・導入が長く，本時で考える問題意識を子どもがもてない。
　・子どもの発言を羅列的に板書するのみで，思考のポイントがわかりづらい。
　・本時で目指す子どもの姿が曖昧なため，深まったり広まったりした子どもの意識の変容が見えない。

　すべては筆者の授業力量に因るところが大きく，それを改善していくことが急務と感じました。そこで，次の点にポイントを置いて，自分自身の授業改善

に努めました。

> ・子どもが本気で考える問いをもつ導入の工夫
> ・思考するポイントが見える板書の構造化
> ・道徳的価値を踏まえた子どもの意識が見える終末の在り方

　多様な道徳の授業スタイルを模索しながら，子どもが深く広く考える道徳授業はどうあるべきか，検証していきたいと考えました。

2．授業実践例「同じ仲間だから」・「人間らしく生きる」
　　（小学校4年生）

（1）「同じ仲間だから」（『わたしたちの道徳　小学校三・四年』）の実践
　1）授業のねらい
　本時の学習を通して目指したのは，友達同士の対等な関係です。友達とのつながりがより濃くなる中学年段階では，どのような相手に対しても同じ仲間としての意識を育むことが大事であると考えます。そのため，「友情，信頼」で扱われる本教材を「よりよい学校生活，集団生活の充実」として扱い，よりよいクラス集団の構築をねらいとした授業を構想しました。
　また，複数の道徳的価値が交錯する状況では，自分の思いの強さやそれに賛同する友達の多さによって優先されるべき価値が確定されがちであり，その後ではそれ以外の価値を支持する雰囲気は醸成されにくくなります。そこで，中心価値を「よりよい学校生活，集団生活の充実」としながらも，「公正，公平，社会正義」や「友情，信頼」といった価値も関連させながら，より多面的な視点で友達の大切さを考えさせていくようにしたいと考えました。
　そこで，本時で目指す子どもの姿を，「互いに協力し合い，進んで楽しい学級をつくろうとする子ども」としました。

2）指導の重点

中学年の子どもは，自分の価値観や常識があり，それを当然と考えています。そのため，自分の価値観や規範意識とは異なる行動を取る人を「悪」と見なす傾向にあります。そういった決め付けにより，他者を非難することにつながりやすくなります。

そのことを踏まえ，授業を構想する上で重点と考えたのは，次の２点です。

① 教材文中の問題場面について，自分が同じような状況だったらどうするかという，自分事として考えるようにすること。

② 現実場面で生きて働くように，自学級をよりよい学級にするためにどのように友達と関わるか，適切な解決の方法について考えるようにすること。

3）授業の実際

① 教材文の大要と問題の所在

> **大要**　とも子たちの学年は，運動会の種目で「台風の目」を行うことになった。とも子の教室では運動が苦手な光夫のことが話題になっていた。教室に入ってきた光夫の指に包帯が巻いてあるのを見て，同じグループのひろしは光夫に体育を休んだ方がいいと主張する。その言葉にとも子は困ったが，「光夫さんを外して勝とうとするなんて，まちがっていると思うの」とはっきりと言う。これをきっかけに，３人が心を一つにして練習に励む。
>
> **問題の所在**　運動会の競技に勝ちたいと強く願うとも子とひろし，そしてクラスの子どもたちが，どうすれば勝つことができるか話し合い，運動が苦手なために負ける原因となっている光夫と，どう関わっていくかを話し合う場面。ひろし，とも子は勝ちたいと強く願っているが，同時に一緒に競技をしなければいけないとも思っていて，その狭間で悩んでいる（特にとも子）。

122　実践編

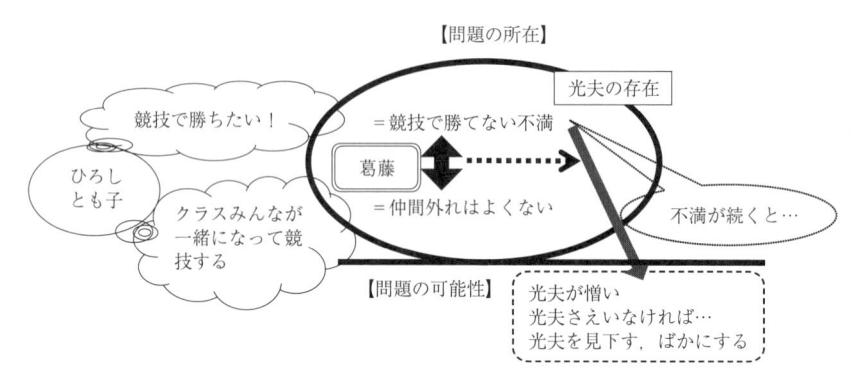

```
        【問題の所在】
                    光夫の存在
  競技で勝ちたい！  ＝競技で勝てない不満
 ひろし              葛藤  ⇕
 とも子
    クラスみんなが   ＝仲間外れはよくない      不満が続くと…
    一緒になって競
    技する
              【問題の可能性】  光夫が憎い
                              光夫さえいなければ…
                              光夫を見下す，ばかにする
```

図11-1　教材文の分析

② 本時のポイント

> ポイント1　ひろしの不満と，それに対するとも子の思いを明らかにする
>
> ⇒競技で勝ちたい思いが強いことと，光夫（排他的に見られる傾向にある子）に対するクラス全体の雰囲気をおさえる。
>
> ポイント2　クラスの子と光夫の関わりを想定する
>
> ⇒排他的な傾向になりがちなクラスの雰囲気の中で，光夫が周りの子と関わりづらい状況になることをおさえる。
>
> ポイント3　再度負ける状況になったことを想定し，そのときのひろしの思いと，そのひろしにどのように声をかけるか考える
>
> ⇒勝ちたい思いの強いひろしとのよりよい付き合い方について考えることで，ひろしを批判的に捉えるのではなく，自分の現実場面と関連させて対等な折り合いの付け方を考えていく。

③ 授業の大要

導　入　運動会の競技について話し合う。

T：2人で旗を持って走るリレーのとき，あなたは何を大事にして競技しましたか。

C：2人の息を合わせる。

C：練習の成果を出そう。

| 展開前段 | 教材文の前半を読み，問題場面を把握する。

T：ひろしの不満はどんなことですか。それに対して，とも子はどう思っていますか。
C：ひろしは，光夫がいれば負けると思っている。
C：競技に勝ちたいから，光夫に休んでほしいと思っている。
C：とも子も勝ちたいって思っている。
C：でも，光夫を休ませるのはちょっと……。
T：クラスの他の人は，どう思っていますか。
C：他の人もやっぱり勝ちたいと思っている。
C：光夫が入れば負ける。前も光夫のせいで負けた……。
C：でも，入れないのは正しくないとも思っているんじゃないかな……。
T：光夫がクラスの雰囲気に気付いたら，どう思うでしょうか。
C：信頼されていないと，がっかりする…。
C：ショックだと思う。落ち込む。

| 展開後段 | 教材文の後半を読み，仲間とのよりよい付き合い方を話し合う。

T：光夫が遅れて，また二組が負けたら，ひろしはどう思うでしょうか。
C：がんばった結果だから，仕方ないと思う。
C：それを，次に生かそうと思うんじゃないかな。
T：練習で二組が負けたら，あなたならひろしにどう声をかけますか。
C：次，勝つために，作戦立てようよ。
C：いっしょに練習しよう。

| 終　　末 | 学習を通して学んだことをプリントに書く。

T：今日の学習で，クラスの仲間のことについて考えたことを書きましょう。
〔子どもの感想〕
・よりよい４年○組にしていくには，その人が下手だったらせめるのではなく，がんばって次やろうなど，しっかりと声をかけていくと，よりよい４年○組になると思う。
・私もときどき「この人いない方がいいんだけどなぁ…」と思うときがありました。でも，話を読んで，「人を仲間外れにするのはやめよう」と思え

るようになりました。負けてしまっても，がんばったからしょうがないと思うようになりたいと思いました。

4）実践を通して見えてきた課題

① 中心となる道徳的価値への気付き

中心となる道徳的価値だけでなく，複数の道徳的価値を関連させて友達の大切さを考えさせていくことで，子どもが本時の授業を通して何を学んだのか不明確であるといった課題が浮き彫りになりました。1時間の中で中心となるねらいを，子どもに明確に意識させる必要性を感じました。

② 教材を通した具体場面での問題意識のもたせ方

授業前は，光夫が競技に参加することへのひろしの不満ととも子の迷いを並べて板書し，さらにクラス全体が2人と同じ意識でいることを明示して，クラス全体が光夫の競技参加に否定的に揺れ動いている雰囲気を捉え，そこに問題意識をもつことができるようにしたいと考えました。その板書計画は図11-2の通りです。

しかしながら，ひろしやとも子，さらにはクラスの他の人が，競技で勝てない不満と仲間外れはよくないとの意識の間で葛藤していることへの理解が不十分だったために，登場人物の心の揺れを自分の価値観や経験と比較して考えることを意識させることができず，子どもの問題意識は弱かったように思います。子どもが深く広く考えるために，発問と併せて板書の在り方について検証した

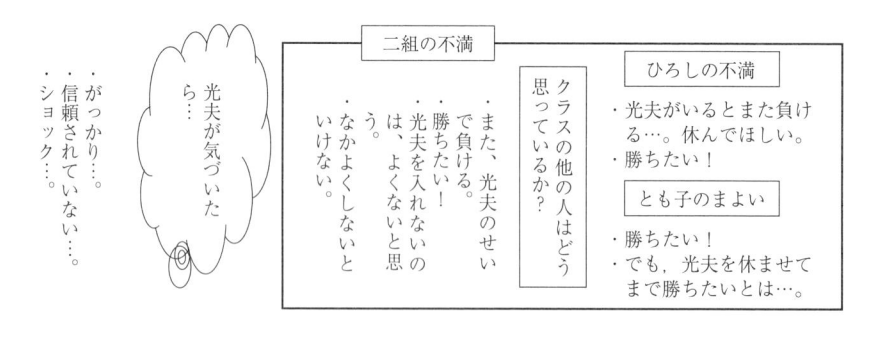

二組の不満		ひろしの不満
光夫が気づいたら… ・ショック… ・信頼されていない… ・がっかり…。	・また，光夫のせいで負ける。 ・勝ちたい！ ・光夫を入れないのは，よくないと思う。 ・なかよくしないといけない。	・光夫がいるとまた負ける…。休んでほしい。 ・勝ちたい！
	クラスの他の人はどう思っているか？	とも子のまよい
		・勝ちたい！ ・でも，光夫を休ませてまで勝ちたいとは…。

図11-2　板書計画

いと考えました。

（2）「人間らしく生きる」の実践
1）授業のねらい
　どんな人でも対等にみる見方を養いたいとの思いから，それを実現するために「生命の尊さ」を扱った授業を構想しました。
　本時で目指す子どもの姿を，「感情的につながりにくい他者との関わりについて考えながら，誰に対しても公正・公平な態度をもつ子ども」としました。
2）指導の重点
　授業を構想する上で考慮したのは，「生命の尊さ」をどう捉えるかということです。偶然性や有限性といった生命そのものに目を向けていくとともに，自分と他者とのつながりといった視点から，その大切さにふれるようにしたいと考えました。そのため，生命を命そのものやつながりといった意味を含む"いのち"という言葉で定義し，単元を通して実感できるよう構想しました。
3）授業の実際
①　単元構成の意図
　　1時間目は家族とのつながり，2時間目は障がいのある人とのつながりを通して，"いのち"について考えるようにしました。そして，3時間目は，感情的につながりたくない人とのつながりについて考えていくようにしました。

1　自分と家族との"いのち"のつながりについて考える。
　《テーマ発問》いのちはだれのもの？
　　「親子リレーに出たい」と言った知己くんは，どんな気持ちだったでしょうか。
2　自分との"いのち"のつながりの見方を広げる。
　《テーマ発問》体の不自由な人を見かけた時，大事にしたい心は何だろう。
　　体の不自由な人を見かけたら，どんな場合でも助けてあげるだけなのでしょうか。
3　どんな"いのち"ともつながることの意義について考える。
　《テーマ発問》近づきたくないと思っている人とつながるのに大事な心は何か。

> ロバはどうして友達を見るような目でヒキガエルを見続けたのでしょうか。
> 4 "いのち"の大切さについて,自分なりの考えをまとめる。
> 《テーマ発問》自分が考える"いのち"の大切さについて,話し合おう。

この中で,3時間目の授業を取り上げ,その大要を紹介します。

② 教材文の大要(「ヒキガエルとロバ」『わたしたちの道徳 小学校三・四年』)

> **大要** アドルフとピエールたちの前に,ヒキガエルが一匹とび出した。気持ち悪がった子どもたちは石を投げ付け,ヒキガエルはわだちへ転がり込む。その時,年とったロバが荷車を引いてきた。ロバは農夫から鞭を打たれて馬屋に帰る途中であった。ロバの引いた荷車がヒキガエルを引こうとした時,ロバは急に進まなくなった。ロバは,ヒキガエルのいるくぼみの横を通り過ぎた。その様子を見たアドルフの手から,石がすべり落ちていった。

③ 本時のポイント

> **ポイント1** テーマ発問を設定する
> ⇒本時でねらう道徳的価値にふれ,それについて考えることができるように,テーマ発問を設定するようにした。また,それを具体場面で考えることができるように,教材文についての学習課題も設定するようにした。
>
> **ポイント2** 構造的に板書する
> ⇒登場人物の相関や問題状況を視覚的に捉えやすくなるように,構造的に板書するようにした(下図参照)。ヒキガエルと子どもたちの関係と,ヒキガエルとロバの関係を対比的に表し,その全体像が見えるようにした。
>
> ```
>         ┌─────────────────┐
>         │ アドルフと子どもたち │
>         └─────────────────┘
>                  ↕
>    ┌─────┐         ┌─────────┐
>    │ ロバ │ ←──→ │ ヒキガエル │
>    └─────┘         └─────────┘
> ```

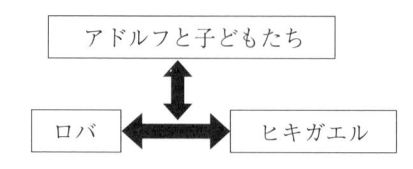

④ 授業の大要

| 導　　入 | 見た目で嫌悪感を生じる人への思いについて話し合う。

T：身なりのきたない人が近くにいたら，どう思いますか。
C：いい気持ちはしない。いやだなぁって思う。
C：近づきたくないなぁって思う。

◆テーマ発問「近づきたくないと思う人とつながるのに，大事な心は？」

| 展開前段 | 感想を発表する。

T：思ったことや感じたことを発表しましょう。
・アドルフや他の子どもに対して
C：なぜいじめたのか？
C：気持ち悪いって思ったんじゃないか……。
・ロバに対して
C：小さな命を助けてあげた。
C：ロバもむちで何回も打たれている。
C：つかれている。
C：差別するのはよくないと思った。

| 展開後段 | 主発問について考える。

T：ロバはなぜ友達を見るような目でヒキガエルを見続けることができたのでしょうか。
C：自分もつらい仕事をしているから，ヒキガエルのつらい立場がわかる。
C：ヒキガエルを応援していると思う。
C：命は一つだから，同じ命を大切にしたいと思った。

| 終　　末 | テーマ発問についての自分の考えを書き，発表する。

・自分がきたないなぁと思っている人は，たぶん周りの人も近づきたくないなぁと思っているから，ふだん通りにやさしく言った方がいいのではないかなぁと思いました。
・よいところを見つけてみるのがいいと思います。理由は，いくら近づきたくない人にもよさはあるから，人としてみてあげるといいんじゃないかなと思いました。

4）実践を通して見えてきた課題と今後の可能性
① 導入段階における子どもの問いの醸成
　導入が，テーマ発問ありきになってしまった感があります。「近づきたくない人」というキーワードを引き出すことが主となり，長い時間がかかってしまいました。導入を短縮し，教師の問いかけや問い返しなどにより，子どもの問題意識を引き出す必要があったと感じました。
② 日常生活とのつながり
　学習を単元化することにより，命の偶然性や有限性への考えはもとより，その連続性や継続性まで考えが及ぶようになりました。異質なものへの不快感は誰もがもつものですが，日常のくらしの中でその感情を上手にコントロールし，どんな人に対しても自分とのつながりを意識しながら行動できるようにしていく必要があります。それが，よりよい人間関係を構築していく土台になると考えます。

3．授業スタイルの長所と今後の課題

（1）長所として考えられること
　テーマ発問の設定や構造的な板書を大事にすることにより，事前に授業のイメージをもてるので，授業では子どもの声とその背景を探ることに集中できるとともに，その発言の意味も価値付けられるようになりました。「ヒキガエルとロバ」の実践では，当初，感情的につながることの難しい相手に対して対等な立場でみる見方ができるようになればよいと思っていました。しかし，ある子どもが「どんな人にもよいところはある。それを見つければいいと思う」と，発言しました。つながりにくいと感じる人に対してそのよさを見いだそうとする本児の発言は，授業者の意図を超えてより人間愛に溢れた発言と言えます。そのような子どもの発言を，しっかりと感じることができるようになったことが大きいです。

(2) 今後の課題

　テーマ発問の設定と構造的な板書を大事にすることで，イメージした授業になるように子どもを引っ張ってしまう傾向があります。もっと子どもの側に寄り添いながら授業を構想することと，授業では子どもの思考に沿った授業を展開することが必要であると感じています。

4．さらなる探究に向けて（共著者からのコメント）

　中川先生の実践に対する向き合い方には，「自らの実践に対する客観的な分析を通して，授業改善への道筋を描きつつ，試行錯誤を重ねる」という，御自身の中でのPDCAサイクルが基盤にあります。自らの問題意識を画餅としないために，改善のポイントを明確化し，具体的な実践を通して評価する，そこで見えてきた新たな課題に向けて，さらなる実践に取り組むという主体的な姿勢こそ，これからの教育現場で求められる教師像であることは間違いありません。

　中川先生は，自らの授業改善のポイントとして3点を挙げておられます。

　板書の構造化に関しては，相反する道徳的価値についての立場を踏まえ，その解決策を検討するような構造の板書が求められます。例えば，対立する立場を黒板の左右に対極的に配置し，よりよい生き方はいかにして可能になるかという子どもたちの思考を中心に位置付けることで，授業の構想と展開を生かした板書となるでしょう。

　導入の工夫については，テーマ発問を設定することで解決を図ろうとして実践がなされました。授業の実際を見ても，本時の学びの核となる部分を子どもたちと共有し，本時の学習の方向性について具体的なイメージをもつために，導入を通して学習テーマを設定することが効果的だったことがわかります。授業改善に大いに役立ったのではないかと考えます。

　終末の工夫についても，その課題を克服するためにテーマ発問が活用されています。道徳的価値についての子どもたちの意識を見取るために，授業全体を貫くテーマ発問を活用することは有効であることが，実践を通して明らかになったと思います。

教師が授業イメージを持つことは必要なことです。しかし，そのイメージと子どもたちの思考が乖離しているならば，それは授業の構想に教師の先入観や，子どもたちの思考についての捉えの甘さがあるのです。子どもの思考に寄り添うだけでなく，さらに一段高い壁となる問いをどのように設定するかが，中川先生の今後の実践をより豊かなものにする鍵となると考えます。

第12章
授業づくりの実際とさらなる探究3
―「考え，議論する」教科授業を基盤とする問題解決的授業―

1．課題意識と授業づくりの視点

(1) 中学校だからこそ，教科授業でも「考え，議論する」場と時間の保障を

「考え，議論する道徳」を実現するには，道徳授業だけの取り組みではなく，教科授業での授業スタイルとも密接に関係していると考えています。教科担任制の中学校では，担任している生徒たちと共有する授業時間は，「教科時数＋道徳科＋学級活動＋総合的な学習の時間＝6～7時間程度／週」となるでしょう。実技教科が担当教科である場合は，自分が担任する学級で共有する授業時間はさらに少なくなります。週にたった1時間しかない道徳授業を「考え，議論する」1時間として成立させるためには，教科授業でも「考え，議論する」時間と場の確保が重要になると考え，実践しています。

中学生という発達段階を考えると，人前で挙手して自分の意見を積極的に発言するということに抵抗を感じる生徒が少なくありません。ですから，少人数で話し合う場と時間を確保するよう，意識して授業を構成しています。

少人数での話し合いというと，生活班を単位とした話し合いがイメージされるかと思いますが，生活班での話し合いは本当に有効なのか，筆者は疑問に感じています。おそらく，多くの教科授業で生活班を単位とした話し合い活動が行われていると思います。朝から晩まで，同じメンバーで何度も繰り返し「話し合え」と言われたら，あなたならどう感じますか？　うんざりしないでしょうか。また，生徒の中には場面緘黙などの悩みを抱えている生徒もいます。そ

う考えたときに，生活班の中に生徒が話し合いをしやすい相手がいるとは限らないのです。そこで筆者の授業では，生活班を単位とした「構成的メンバーによる話し合い」と，自由に立ち歩き聴きたい相手に意見を聴きに行く「非構成的メンバーによる話し合い」を組み合わせ，話し合う場と時間を保障するようにしています。筆者の授業は，非構成的メンバーによる話し合いの時間のほうが圧倒的に多いのが特徴だと思います。

　非構成的メンバーによる自由な話し合いというと，生徒によるおしゃべりの時間になってしまうのではないかという懸念もあろうかと思います。しかし教科授業でも，非構成的メンバーによる話し合い活動を取り入れていると，おしゃべりや脱線をすることで一番損をしているのは自分たちであることに生徒自身が気付くものです。こうした授業を繰り返し経験するうちに，「話し合いの場面」と「全体で意見を共有する場面」を，生徒たちは実にスムーズに切り替えられる力を付けてきます。そして，道徳授業において多くの級友と意見を交換する中で，多面的・多角的に教材や内容項目を捉えようとする姿勢が育ってくるように感じます。

（2）いじめ防止をねらう道徳授業を，問題解決的な学習で
　いじめ防止等をねらいとした道徳授業の在り方を模索し，開発するために多くの授業者が心を砕き，多くの道徳授業が開発され，実践されてきました。それでもいじめ問題を解決することは容易ではないのが現状です。いじめの構造は複雑で，道徳授業だけで有効な対策になるとは言えませんが，今までの道徳授業とは別な方法で，いじめ問題にアプローチすることはできないでしょうか。

　「道徳科における質の高い多様な指導方法」の例として「問題解決的な学習」が文部科学省（以下，文科省）から示されました。中学校の定番資料である「卒業文集最後の二行」を教材として，問題解決的な学習を通して，いじめ問題の解決方法を生徒と考えてみたいとの思いから，授業を開発しました。

（3）「卒業文集最後の二行」こそ，入学間もない1年生で

　「卒業文集最後の二行」は3年生で扱われることが多いようです。しかし「いじめの抑止力」という観点から言えば，中学校入学直後の時期にこそ，この教材を通して友人関係や正義について議論したいと考え，第3回目の道徳授業の教材として取り上げることにしました。入学直後は，学級活動の時間などでグループエンカウンターを通じて学級づくりをしたり，学級目標を話し合ったりする活動を通して，友情や学級の絆について考えたり，理想の学級像を思い描いたりする時期でしょう。学級活動での学びや経験と道徳授業を，有機的に関連付けながら授業構想をしたいものです。

　また，この教材の「卒業文集」は小学校の卒業文集ですし，この学級にいじめ問題が起こったのは小学校6年生での出来事で，生徒たちにとっては親近感を持って考えることのできる教材と言えるでしょう。

（4）「問い」をどう立てるか

　従来の指導方法と問題解決的な学習との違いはどんな点なのでしょうか。
　① 生徒が問題を自覚する。
　② 問題の解決方法について生徒が主体的に考えていく。

　上記の2点であると筆者は考えています。問題設定の方法としては，生徒自ら議論したい問題を教材から発見する問題発見型と，教材に内在する問題を授業者が提示していく課題提示型とがあるでしょう。例えば「卒業文集最後の二行」を読んだ後に，「この学級の抱えている問題は何だろう？」と生徒に問うことで，問題発見型の授業を展開することができるでしょう。

　本実践では，中学校に入学して3回目の道徳授業であること，いじめを止める方法を現実的に議論にしたいという授業者の願いから，課題提示型としました。では，生徒がいじめ問題の解決方法を主体的に考えるには，どのような問いがよいのでしょうか。問いを立てることの難しさについては前述したとおりですが，この授業の問題設定にあたって参考にしたのが，教育哲学者である苫野一徳氏の『はじめての哲学的思考』（筑摩書房 2017年）でした。「参加者が現実的な共通了解にたどり着くような議論を，確かめ可能な問いから始めよう」

とする苫野氏の提言と，示されている問いの具体例を参考に，本実践では次の課題を授業者から提示しました。

> どんな条件が整えば，私たちはいじめを止められるのだろう？

いじめを止められる条件を考え議論することで，生徒が現実的な解決方法にたどり着けるのではないかと考えたからです。

2．授業実践例「卒業文集最後の二行」(中学1年生)

(1) 授業の実際

授業のねらいは，次のように設定しました。

> 身近なところでいじめが起きたときに，いじめを止めることができる条件を話し合うことを通して，正しいと信じることを自ら実践しようと努め，いじめの防止や解決のための道徳的判断力や実践力を養い，公正・公平に生きようとする心情を育む。

1) 『私たちの道徳』p.162の「友達が悪いことをしていたら，やめさせること」に関する調査結果を基に，「悪い」とわかっていても，友達を止められないのはなぜか，話し合う。(10分間)

『私たちの道徳』の調査結果のグラフを生徒が紙ベースで確認するだけでなく，スキャンしてプレゼンテーションソフトに取りこみ，スライドに投影しました。プレゼンテーションソフトを活用して資料をスクリーンに投影することは日常的に行っています。文字情報だけでは理解が難しい生徒への配慮も意識しています。

「悪いとわかっていても，友達を止められないのはなぜか」についてワークシートに自分の考えを記入した後で，自由に教室を立ち歩き，生徒が意見を聞きたい相手のところへ行き，考えを交流するようにさせました。筆者は，話し合っている生徒たちの間に入り，なぜそう思うのかといった補助発問をしたり，他の生徒にも紹介したい意見については，黒板に記入するように話します。自

分の意見を板書する方法で表出させるのは,場面緘黙の生徒でも意見発表できる,生徒が黒板に意見を記入している間も話し合いを継続できる,友人の板書をきっかけにしてさらに議論が広がったり深まったりする,といったメリットがあるからです。ここでは,次のような意見が出ました。

- キレられる
- 注意したらハブかれる
- 仲間はずれになる
- 悪口を言われる
- 仲が悪くなりそう
- 嫌われる

「恐怖心」と書いた生徒がいたので,上記の意見は筆者が赤チョークで囲み,「恐怖心」という板書とつなげて,全体でシェアしました。

恐怖心とは違うカテゴリーの意見として「自分も(いじめを)やっている」「思春期で恥ずかしいから言えない」「相手をよく知らない」という意見が出ました。「相手をよく知らない」と板書した生徒には「これはどういうこと?」と問い返すと,「いじめている子がどんな性格かとか,よくわかっていれば,その人が聴き入れてくれそうな言い方や方法で注意できるけど,どんな人かよくわからないと注意しづらい」とのことで,意見を聴いていた生徒たちもなるほどとうなずく姿が見られました。

2)「卒業文集最後の二行」を範読し,初発の感想を聴く(15分)

資料の範読の仕方には様々な考え方がありますが,筆者はできるだけ淡々と読むようにしています。授業者が感情をこめて読むことによって,生徒の教材理解にバイアスがかかってしまい,生徒それぞれの理解の妨げになると考えるからです。

ここではあまり時間をかけたくなかったので,筆者が意見を板書しました。「卑劣」「タチが悪すぎる」「いじめは取り返しがつかない」といった感想が出ました。

3）どんな条件が整えば，いじめを止められるのか，話し合う（15分間）

図12-1は，実際のワークシートです。発問を空欄にしているのは，ワークシートを配布した時点で，生徒が授業者の思いを先読みしてしまうのを防ぐためです。授業者の指示よりも前にワークシートに記入してしまい，授業への参加が消極的になる生徒の出現を避けるために，発問の一部を空欄で示すことは日常的に行っている工夫の一つです。生徒が，何を考えたり話し合ったりするのかわからなくならないように，発問は黒板に書くようにしています。

ワークシートに自分の考えを記入した後，自由に教室を立ち歩き，考えを交流するようにしました。生徒がより多様な考えに触れられるように，1）の場面とは別な友達と意見を交流するように指示しました。1）の場合と同様に授業者が話し合いに入り，補助発問をしました。全体で共有したい意見については，生徒自身による板書を通して発表させました。

「先生や友達に相談する」と話し合っていたグループには，「それでもT子さんが相談しなかったのはなぜ？」と筆者から質問しました。「先生も忙しくて申し訳ないし，お父さんには心配かけたくないんだよ！」と感情をはき出すような話し合いが続きました。「逆に，みんなが先生やお父さんの立場で，T子さんが気を遣って相談してくれなかったら，どんな気持ちになる？」とさらに質問を重ねます。「言ってもらえないのは悲しい。寂しい」。「じゃあどうしよう？」と，さらに質問をすると，「うーん……難しい……」。

「本当の友達をつくる」と話し合っていたグループには，「でもグラフを見る

◆どんな（　　　　　）が整えば，私たちは（　　　　　）を止められる？	
自分の考え	友達の考え

図12-1「どんな条件が整えば，いじめを止められるのか」ワークシート

と，友達に注意できない人が6割もいるよね。本当の友達をつくれば，いじめを止められるの？」と質問すると，もっと話し合いたいということになり，「友達のことを思える本当の絆がある学級」との考えにたどり着き，板書で発表していました。

　1）で「相手をよく知らないから注意できない」と考えた生徒のいるグループは，「その人をよく知ること」をいじめを止める条件として挙げていました。本時の1週間前の道徳授業では，『私たちの道徳』を活用し，A-(3)「向上心，個性の伸長」をねらいとした「いいとこ探し」を班単位で行い，発表し合う学習活動を行っていました。その中で，「知り合ったばかりなのに，友達が自分のことをこんなに見ていてくれる」という安心感と驚きの感想を抱いた生徒が多く，この授業での学びが生徒たちの中に残っていたのだと思います。

　いじめを止めるための条件として，他に「いじめは死につながるから，仲間がいないと死んじゃう」「真剣にいじめに向き合う」「いじめを止める前に，いじめがない学級にする」「信じてくれる人が一人でもいること」「本当の友達をつくる」「友達のことを思いやれる，本当の絆がある学級」といった意見がでました。

　「友達」「相談」「信頼」という共通するキーワードは線でつなげて，ウェビング状にし，構造的な板書を心がけました。

　4）今日の話し合いを通して学んだこと，これから自分がやってみたいこと・やれそうなことをワークシートにまとめ，本時を振り返る（10分間）

　本時の学習活動を通して，あるいは登場人物の生き方を通して，学んだことを振り返って書く活動を道徳授業の終末に位置付けています。それは，道徳授業で学んだり考えたりしたことを，実践力につなげてほしいという筆者の願いからです。

生徒のワークシートから，意見をいくつか紹介します。

- ・お互いに注意し合える仲になりたい。
- ・いじめをするとその人も傷つくけど，自分も後悔して一生その過ちを持って生きていくことになる。
- ・今までは無理だったけど，今日を機に，言える自分になる。自分を超える。
- ・注意し合える仲になる。本当の友達になる。

授業を通じ「じゃあ本当の友達っていったい何なんだろう」「信頼するってどういうことだろう」という新たな問いが生まれたため、年間計画を入れ替え、「裏庭でのできごと」を教材として次の授業を実施しました。次時に実施した「裏庭でのできごと」の学習では、「正直に言うことは大事だけど、友達のためについてもいい嘘があるんじゃないか」という新たな問いが出ました。

そこで「ロレンゾの友達」を教材として、その問いについて話し合いました。「ロレンゾの友達」の学習を通して、「様々な意見があるけど、結局最後は、みんな、相手を思っての言葉と行動を選んでいた」という新たな気付きが生まれました。

「相手を思いやっての言動」をさらに掘り下げようと、「優しさ」に関する映像資料を教材に、相手に気を遣わせない思いやりのある行動とはどのような行動なのか話し合いました。この学習を通して、「相手に寄り添うだけでなく、黙って見守る思いやりもある」という気付きが生まれました。

さらにその気付きを生かし、茨城県教育委員会から発刊されている高校生向け道徳テキストの「譲る気持ちはあるのに」を一部改変し、役割演技を通して、座席を譲る気持ちがあっても実行に移せないのはなぜかを考え、適切な行動について話し合う道徳授業を実施しました。PDCAサイクルとよく言われますが、生徒の議論や思考の実態からフレキシブルに年間計画を組み替える、DCAPサイクルがあってもよいと考えています。

(2) 授業の振り返りをどうするか―道徳科の「評価」を意識して―

教科化されたことによって、指導要録に道徳科の「学習状況及び道徳性に係る成長の様子」を記述することになりました。公文書に記述する以上、エビデンスも重要になってくるわけですが、普段の授業でどんな工夫が考えられるでしょうか。筆者は毎時のワークシートの最後に、文科省から示された評価の視点に基づいて、振り返りの欄を設けています。中には文章で記述することに苦手意識を持っている生徒もいるので、○で囲むだけのスタイルにしています。

また、毎時の生徒のワークシートをスキャナで読み取り、板書も毎時写真撮影し、デジタル化して保存するようにしています。生徒のワークシートだけで

ふりかえりの視点	今日の自分にあてはまるものを○で囲もう
①今日の授業に意欲的に取り組むことができた。	とてもできた　まあまあ　あまりできなかった　できない
②以前より，自分の考えを深めることができた。	とてもできた　まあまあ　あまりできなかった　できない
③「自分ならどうか」と考えたり，自分の経験を思い出したりして，自分についての理解を深めることができた。	とてもできた　まあまあ　あまりできなかった　できない
④友達のいろいろな見方・考え方を知ったり，ふれたりすることができた。	とてもできた　まあまあ　あまりできなかった　できない
⑤「これから〜していきたい」という気持ちをふくらませることができた。	とてもできた　まあまあ　あまりできなかった　できない

図12-2　毎時のワークシートに添付する振り返り

　道徳科の評価を記述するわけではありませんが，生徒の学習活動の記録を蓄積することは重要なことと考えます。

　中学校では週に数時間しか授業時間を共有しない学級担任が評価を記述するようになりますから，できるだけ複数の目で道徳授業の評価をしたいものです。そこで，学年担当教員が交代で全学級を回って道徳授業に取り組むローテーション道徳は，中学校で特に効果があると思われます。

　筆者は，道徳授業を通して中学生に何か教えようという考えはなく「この問いに対してあなたはどう考えるのか教えて」という気持ちで教室に立っています。こちらの予想や計画とはまったく違う授業の流れになり，剣道や柔道にたとえれば「一本取られた！」という気持ちになることがほとんどです。筆者と生徒の認識のズレを，筆者はむしろ楽しんでいますし，筆者の計画通りになるということは，筆者が生徒を操作しているようで逆に居心地の悪さを感じてしまいます。

　目の前にいる生徒たちの実態も多様ですし，授業者の個性も千差万別でしょう。これがベストという授業方法も評価方法もないと筆者は考えます。様々な問いや方法をカタログのように授業者の中に充実させ，その時々の教材や生徒たちの状況に合わせてセレクトしたいものです。

140　実践編

3. 授業スタイルの長所と今後の課題

　現実世界は,道徳の教材とは比較にならないくらい複雑で,多くの人の人間関係や利害関係がからみ合った問題の連続です。授業で問題解決的な学習を繰り返しても,実際の生活で問題解決できるとは限りません。しかしながら,授業で問題を解決しようとする過程において,生徒たちは時に一人で思索にふけり,時に友達と相談しながら,様々な試行錯誤を繰り返すことになります。授業での試行錯誤を通じて,問題を解決するという行為そのものの難しさに気付きながらも,よりよい方法を見つけ出そうとする力を育みたいと考えます。

4. さらなる探究に向けて（共編著者からのコメント）

　星先生の授業スタイルの長所は,教科指導での話し合いと全体共有による学習を通じて,生徒が本気で考え,議論できる環境づくりができている点と,生徒の気付きを深めるために柔軟に年間計画を組み替えている点にあります。ま

発問
①（友達が悪いことをしているとき）「悪い」とわかっていても,友達を止められないのはなぜか。

②資料を範読し,初発の感想を聴く。

③どんな条件が整えば,いじめを止められるのか。

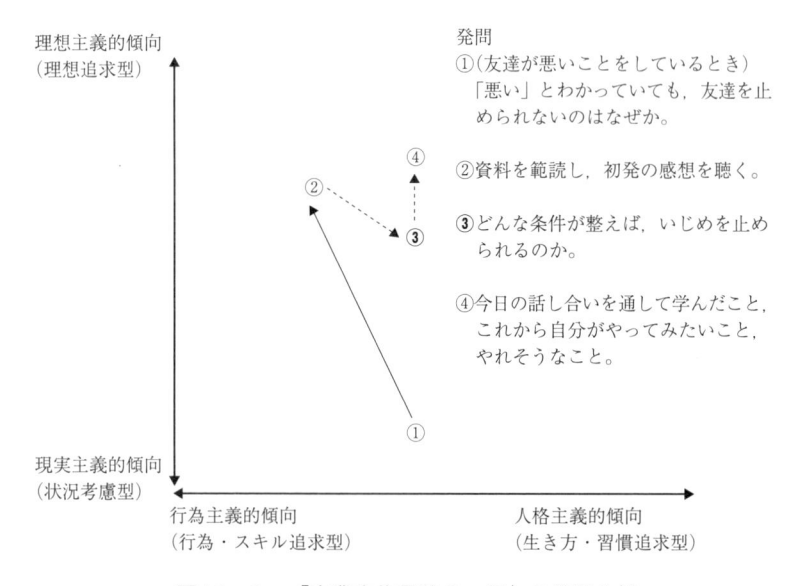

④今日の話し合いを通して学んだこと,これから自分がやってみたいこと,やれそうなこと。

図12-3　「卒業文集最後の二行」の発問分析

た，「どんな条件が整えば，いじめを止められるのか」という発問には，「いじめを止めることは難しい」という現実的な前提が含まれており，建前ではなく本気で議論しやすくしている点も特徴的です。

　ただし，発問分析に示したように，特に②以降の発問がねらいとする方向性が不明確で，教師と生徒のやり取りの中で事後的に方向性が決まっていくため，生徒は本気で議論していますが，そこから学んだ内容が曖昧になりやすい点が課題です。教材に内在する問題を授業者が提示する課題提示型の授業を意図していますが，ねらい（公正・公平）と授業で学んだ内容（友情・信頼）とがずれているように，教材分析の際に教材に内在する問題を生徒の実態に照らして十分に検討できていないことが原因と考えられます。

　公正・公平のねらいで「卒業文集最後の二行」を用いて授業する場合，例えば「学習やスポーツなどで相手の実力を認められず相手に不当な扱いをしてしまうのはどんな時か」「そのようなねたみや嫉妬を乗り越えるにはどうしたらよいか」のように，教材に内在する問題を焦点化しながらも生徒の実態にもつながる課題を提示することで，教材を手掛かりに，より具体的に問題解決策を考えて議論し，他者の意見からも学べる授業にすることができるでしょう。事前準備の周到さと授業中の柔軟さのバランスが取れれば，生徒にとって考える意義のある課題を本気で考えさせ議論させて学ばせた内容が，生活の中で生きて働く道徳科の授業にすることができるでしょう。

第13章
授業づくりの実際とさらなる探究4
──「教材を教える」授業から
「教材で探究する」授業へ──

1. 課題意識と授業づくりの視点

　道徳科で用いる教材の中で、「定番教材」と呼ばれるものがあります。1958（昭和33）年の道徳の時間の特設以降、文部省（後に文部科学省）や副読本出版社等で、いろいろな教材がつくられてきました。なかでも、多くの出版社で採用され、数多くの実践にかけられたものを定番教材と呼びます。小学校では「2わのことり」や「手品師」、中学校では「2通の手紙」などです。

　本章で取り上げる「絵はがきと切手」もまた、定番教材の一つです。最初に登場したのが1980（昭和55）年の『小学校道徳の指導資料とその利用3』（文部省：当時）ですので、40年近く実践され続けています。ネットを検索すれば、先行実践は山のように出てきますし、書店で小学校中学年の道徳の本を探せば、十中八九この教材の実践を見つけることができるでしょう。

　実践に臨むにあたって、当初は筆者も、「役割演技などの体験的な活動を取り入れた先行実践を参照させてもらおう」と考えていました。優れた実践家による、体験的な活動を効果的に活用した、この教材での実践の概要が手元にあったからです。

　しかし結局、筆者はその実践を活用することはしませんでした。それは、「定番教材に対する自らのアプローチの視点と、そこにある課題意識」を確かめておきたいという思いがあったからです。

　定番教材というのは、多くの実践が試みられ、淘汰されていくうちに、「こ

の教材の指導はこうあるべき」という固定的な見方が支配的になりがちです。そういった状況は，高いレベルでの実践の敷衍というよりも，ある種の思考停止の状態に近いものがあります。あるいは，教材への固定化された見方が，多様であるべき実践の在り方を無意識のうちに限定する状況をつくってしまっているとも言えます。

「絵はがきと切手」に関して言えば，これまでの数多くの実践から，体験的な活動を取り入れるか，対立する2つの立場に分かれて話し合い活動を取り入れるか，どちらかのパターンを用いる展開例がほとんどでしょう。確実で安定した実践を求めるなら，それが最良の選択のように思えます。

しかし，新たな道徳科の実践を創造すべき立場の人間が，定番教材とそこで用いられている実践の手法に，何の問題意識も持たないで臨むことは，その教材のみならず，道徳科の実践そのものの衰退を招きます。少なくともフロントランナーとして実践を拓く立場にいる者にとって，停滞は退化と同義なのです。教科書教材にどのようにアプローチし，効率よく，しかも効果的に活用するのか……。定番教材だからこそ，教師の教材に対する考えや授業に臨む姿勢が問われるという課題意識が，今回の実践を構想するスタートラインでした。

この教材に対して，筆者は，「いかなる判断にも通底する人間の意識こそが，本時の内容項目を具体的な生活に生かす鍵となる」という授業づくりの視点をもってアプローチしようと考えました。

この教材へのアプローチで多いのは，「友達なら無条件で信頼せよ。それが友情だ。苦言も言えない，あるいは受け入れられないようでは，本当の友情とは言えない」という道徳的価値の一面的な見方を子どもたちに伝達するために，いかにしてそれとわからぬように授業として構成するかというものです。あるいは，教師のもつ結論へ，いかにして誘導していくかに腐心する授業の構想と言い換えてもよいでしょう。教材へのこういった見方は，「生き方の理想追求型」や「行為の理想追求型」の授業の問題点が顕在化したものだと考えます。

生き方の理想追求型の授業は，ねらいを教材の人物の理想的な生き方に含まれる道徳的価値の理解を深めることに置くのですが，これは，伝記を含む人物教材でこそ力を発揮します。現実の世界に存在しない架空の人物の，限定され

た特殊な状況について描いた教材で，その架空の人物の行動や生き方を範とすることは，授業そのものが「初めに道徳的価値ありき」の教え込みに堕する危険性を大いにはらんでいるのです。

　もちろん，理想的人格主義の授業を実践することは筆者もありますが，それは，人物教材など現実の世界に実際に存在した人や事象を描いた教材での話です。複雑に入り組んだ状況によって生起する人間の生き方や社会的事象は，現にこの世界に実在し，検証可能な客観性に開かれているという一点によって，作成者の恣意的な考えなど入り込む余地のない教材として成立するのです。こういった教材には，深く追究しても多様な思考にさらされてもびくともしない懐の深さがあり，安心して理想的人格主義の授業が構想できます。

　しかし，架空の世界や状況を描いた教材で理想的人格主義の授業を構想したとき，そこで行われるのは，架空で特殊な状況を教材文として描いた教材作成者への忖度なのです。

　架空の世界や状況を設定した教材では，客観的に検証しようにも内容が現実の世界に開かれておらず，すべては教材作成者が作り出した虚構の世界のなかにあります。こういった教材で理想的人格主義の授業を構想しようとすると，頼れるのは教材作成者の思いだけということになります。「教材作成者がこう言っているのだから，この教材はこのように教えられなければならない」という空虚な発言を，小さな研究サークルの例会から学術研究の場に至るまで，何度も聞かされ続けてきました。これこそが，「手品師」や「二通の手紙」など，多くの定番教材における大きな問題の一つである「教材作成者への忖度」なのです。そこに，子どもたちの主体的な学びや，多様な立場を踏まえた自由な思考の入り込む余地がないことは，みなさんにもおわかりいただけるでしょう。

　そこで，この「絵はがきと切手」を教材として用いた学習を，理想主義的ではなく，現実主義的な方向へと位置付け，ねらいの8類型でいうところの「状況適応追求型」と「集団の成長追求型」の中間点ぐらいをイメージした授業として構想することにしました。これによって，子どもたちの考えの多様さを保障しつつも，互いに納得できる共通了解を見いだすことで状況に柔軟に適応できる力と，それをある種の基本的な考え方として獲得できる授業になると考え

ました。そして，こういった授業を構想することは，定番教材の新たな可能性を拓く機会にもなると考えます。定番教材であっても，授業の目的とそれに合った発問構成を意図したねらいの8類型の活用によって，新たな息吹を吹き込むことができることを証明したいと考えての実践です。

2．授業実践例「絵はがきと切手」（小学校4年生）

1）教材名
「絵はがきと切手」（内容項目：「友情，信頼」）

2）本時のねらい
本時のねらいを次のように設定しました。

> 相手のことを大切にするために，どのように行動するかについて考え，意見を交流する活動を通して，多様な判断に共通する認識を見いだすことで，友情についての考えを深める。

3）授業の実際
導入では，「『友情』と聞いてイメージすること」について交流しました。「とても仲のよい友達」「親友」というものから始まり，「友達との関係」「友達同士のきずな」「長い間の友達関係」といった，人との関係性や時間の重要性についての言及もありました。

そこで，「『なかがよい』とか『きずな』とかという意見があったけれど，それってどういう状況を指しているの？」と問い返しました。

子どもたちは，「やさしい」「助け合う」「相手のことを考える」などの友情という関係性が構築されるであろうと考える要素や，「互いの笑顔」など友情

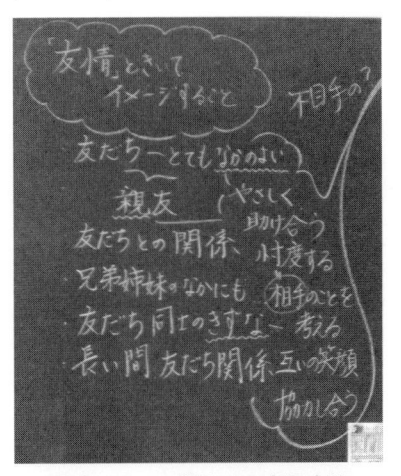

写真13-1　導入での意見交流

のある関係性の結果として生起する状況について語りました。

　筆者は、「なるほど。では、私たちはどうやって、やさしさや笑顔が生まれる状況をつくっているのだろうね。私たちが無意識に抱いている友情について、もう少し深く掘り下げてみようか」と子どもたちに語って、本時の学習テーマを「本当の友情って、どんなことだろう」と設定しました。

　本時の教材名「絵はがきと切手」を伝えて、教師が範読をしました。授業展開によっては、教材を途中で区切ることもありますが、本時の実践では教材文を最後まで読みました。

　まず、教材に提示されている状況の確認を行いました。「転校した正子が送ってきた絵はがきが、定形外郵便であり、料金が未納不足であったこと」「その不足分を、受け取ったひろ子の家族が払っていること」「お礼の手紙を出そうとするひろ子に、兄は料金が不足していることを伝えた方がいいとアドバイスしていること」「母は、お礼だけ言って、料金不足は伝えない方がいいと言っていること」など、基本となる状況をおさえました。

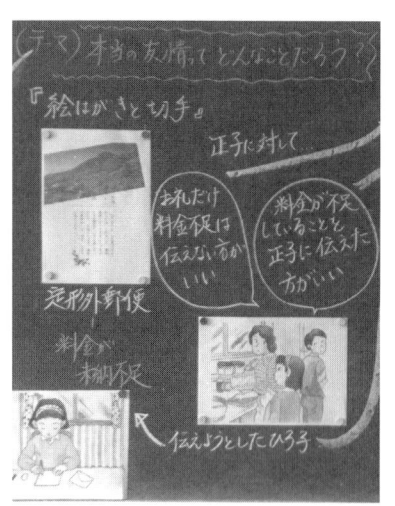

写真13-2　基本となる状況の確認

　そのうえで中心発問として、「では、あなたがひろこならどうしますか？」と問いました。この教材に関しては、それぞれの立場での心情を類推し、共感させて終わるのでは、内容項目に含まれる道徳的諸価値への理解は深まりません。本時の導入で子どもたちが発言した内容から、抜け出すことも深めることもできないのです。むしろ、最初から投影的な発問の立ち位置で自分事とする仕掛けを組むことが重要なのです。

　子どもたちは自分がとる行為とその判断理由をワークシートに書き、友達との学び合いで互いの考えを交流しました。考えを交流して心に留まった友達の意見は、自分のワークシートに書き込んでいきます。

この活動は，道徳科の学習においてたいへん効果的であり，重要なものだと考えます。自分の考えにだけ満足し，同じような意見にだけ共感していたのでは，多面的・多角的に考えるという道徳科の学習に求められる姿からは程遠いと言わざるをえません。自分の考えの中に取り入れるかどうかは別にして，自分とは異なる友達の意見に耳を傾けようとする子どもたちの姿を，道徳科の学びの作法として定着させることは，授業改善に大きな役割を果たします。

　子どもたちの学び合いが終わった後，全体で考えを交流しました。子どもたちの考えは「伝えない」か「伝える」だけでなく，どちらにも分けにくいと子どもたちが言ったものを「第3の道」として分類しました。

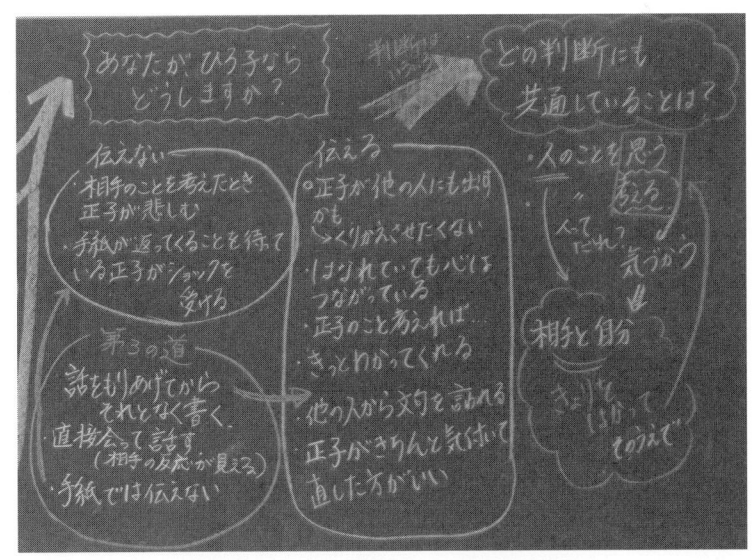

写真13-3　中心発問における児童の考え

　「伝えない」とした子どもたちは，「相手のことを考えるのが友情なら，伝えたら正子が悲しむ」「手紙が帰ってくることを待っている正子がショックを受ける」という判断理由を話しました。

　「伝える」とした子どもたちは，「正子がほかの人に出すかもしれず，友達なら同じ間違いを繰り返させたくない」「今は離れていても，心はつながっている」「正子が自分のミスにきちんと気づいて直した方がいい」という判断理由

を話しました。

それに対して,「第3の道」を選ぶとした子どもたちは,「ぼくなら,話を盛り上げてから,それとなく手紙に書く」や,「手紙ではなく,直接会って話す」「直接会えば,相手の反応を見ながら伝え方を変えられる」といった意見でした。

この意見交流を受けて,子どもたちに「みんながイメージしている関係性や考え方によって,実際にとる行動は異なるものなんだね」と語りました。そして,「『友達ならこうしなさい』ではなく,『みんな違って,みんないい』でもない。自分たちの判断の違いのなかにも,実は共通していることが見つけられないだろうか」ということを全員で議論しました。

理想的人格主義の授業では,ここで,学習テーマについての模範的な回答へと導こうとします。しかしそこで行われるのは,教師が「切り返し発問」を続けて,子どもたちを「本当の友情とは,相手のためを思って,自分が言いにくいと感じることでもあえて言うことだ」という「真の友情」なるものに引っ張る指導です。架空の世界を描いた教材ですから,現実の世界における客観的な事実が一切ないわけです。それで理想主義的人格主義に導こうとすれば,よって立つのは教材作成者の思いか,教師の思いのどちらかであり,そこに引っ張っていくしか方法がないのです。そしてそれが「引っ張っているように見えない」ほど,優れた授業として称賛されるのです。

本書をここまで読んできた,読者のみなさんには,こういった状況が俄かには信じられないかもしれません。しかし残念ながら,これまで道徳の時間の学習に熱心だとされてきた教師たちのなかにも（多くは無意識のうちに）,この状況を是とする空気が存在するのです。

架空の世界を描いた教材による理想的人格主義の授業構成は,子どもたちの学びにとって何ら意味をなさないのですが,その一方で,この教材を現実主義的なねらいで活用するにあたって,筆者が大きな壁と感じていたことが,「現実主義的な発問の後で,子どもたちの考えにどう落としどころを見つけるか」という,もう一段階の深まりを生む学習の構成でした。子どもの視点に立った問題追究の方法として,分析的な発問で協働的に追究するために,「立場や判

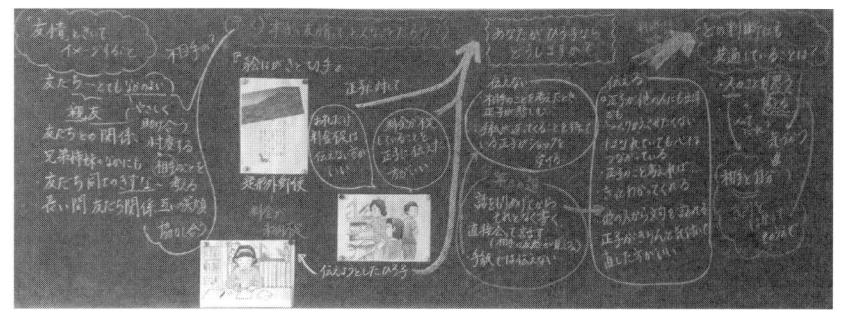

写真13-4　授業における板書全体

断は違っても，そこに共通するものを見つけよう」という問いを投げかけたのです。

　最初は「人のことを思う」「人のことを考える」というところからのスタートでした。ここではまだ，導入の段階での子どもたちの認識から深まっていません。そこで，「人って誰のこと？」「どうして気遣おうとするの？」「人のことを考えているのに判断が違うのはなぜ？」などの問い返しを重ねました。堂々巡りの可能性がある場面でした。しかし意見を重ねるうちに，「それは『相手と自分との距離感』を自分なりに測って，そのうえでその距離に合った判断をしているから」という気付きに至りました。

　最後に，学習テーマに照らしてこの授業の振り返りを書きました。「相手のことを考えるというのは，自分と相手との距離感から，どうするのが一番かを考えることだと思う」や，「みんなに同じようにするだけがやさしいのではなくて，距離感が近ければ，厳しいことを言ってあげるのもやさしさだと思った」など，『本当の友情』という学習テーマに対して，本時の学びの共通了解としてのキーワードである「距離感」を使って，自分事として考えていました。

3．授業スタイルの長所と今後の課題

　本教材での学習を，現実主義的な立ち位置で，「状況適応追求型」と「集団の成長追求型」の中間点ぐらいをイメージした学習とすることで，「友情，信頼とは斯くあるべし」と大上段に振りかざすのではなく，判断の是非をこえた

共通性と，道徳的判断を支えている一般性や普遍性すら帯びた私たちの人間観を少しは明らかにできたのではないかと考えます。

　今回の授業を構想し実践したのは，「道徳を専らとする教師たちの実践そのものが，特に定番とされる教材において，新たな指導の形骸化を生み出してはいないか」という懸念に端を発しています。それは，道徳の教科化が迫ったこの時期（2017年12月現在）に至っても，「先行実践はこうだから…」「有名な○○先生が〜と言っているから」というだけで，「だからこの教材では，こういう指導をするべき」という同調圧力が強まりつつある現状への危機感でもあります。

　そしてこれは，「問題解決的な学習」や「体験的な学習」にも，いや，そちらの方にこそ言える状況だと感じています。

　教材文は，確かにどこかの誰かが作成したものです。現実とはかけ離れたような状況を，無理に文章化されたものも少なくはありません。それは，有名教材もまた然りです。これは，教科書教材の多くが「読み物教材」と揶揄され忌避されがちな所以でもあります。「読み物教材という言葉を使うことが揶揄だ」と言っているのではありません。しかし今，この言葉を含んだ文章にあたったとき，その文脈から「読み物教材」という言葉に揶揄と忌避意識が込められていることが多いのも事実です。

　しかし，そういった教材のなかにも「批判しても批判してもなお，輝きを放つ人生の真実」を見いだすことは可能です。筆者はこれを「教科書教材を活用するために教師が持っておきたいスタンス」の一つだと考えています。

　逆に，教材作成者は「教材として教科書などに提供したものは，どのように活用されたとしても構わない」という意識を持つべきですし，どのようにも活用することができるのがプロの教師としての矜持でしょう。ですから，授業を構想する教師は，それが教科書教材である以上，作成者の意図など忖度する必要はないのです。そこから生まれる新たな試行錯誤と相互批判やその結果としての淘汰が，教科書教材を用いた道徳科の学習を活性化していく力となります。そしてこの活性化のために，本書で提案している「ねらいの8類型」は，今後の道徳科の実践をより豊かなものにする大きな可能性があると考えます。

課題としては，この教材で他の類型での実践の可能性がないかを検証することが挙げられます。筆者は，導入で友情の切り口を方向付けてから入りましたが，教材の議論の中で各自の友情の価値観を生み出していくこともできるでしょう。

もし後者の方法をとるならば，それに合わせて学習テーマを「互いに信頼をより強めるために必要なことは？」といった，より具体的な方向性を示したものがよいと考えます。これをねらいの8類型に照らすと，人格主義的傾向が強くなりますので，「人格の向上追求型授業」にカテゴライズして実践することが望ましいと思います。

4．さらなる探究に向けて（共編著者からのコメント）

木原先生の場合，特定の授業スタイルにこだわらず，子どもたちの主体的で多面的な思考を引き出しながら，考えを深めさせたり広げたりする授業がなされており，従来の道徳授業の枠組みの中ではトップクラスの授業者だと言えます。本授業でも「伝える」か「伝えないか」考えさせる所で「あなたがひろ子ならどうするべきだと思いますか」という問題解決的な発問ではなく，「どうしますか」と問うことで，その後の状況を子どもたちに想像させたり，「第3の道」を選ぶという子どもたちの考えを即座に受け止めて授業を展開しながら，人間関係の「距離感」に基づいて判断していることに気付かせたりするあたりはさすがだと言えます。だからこそ，木原先生にとってのさらなる探究課題は既存の道徳授業の枠組みを超え出ることにありそうです。

本授業は，木原先生の意図としては状況適応追求型と集団の成長追求型の中間点をイメージしたそうですが，行為判断力追求型に近い判断の理由を問う中心発問によって，行為判断力追求型と状況適応追求型の中間的な授業になったように思われます。また，子どもたちとの探究を通して，人間関係の「距離感」に基づいて判断していることが明らかにされた点は素晴らしいのですが，その結果，価値の理想追求型のテーマ発問が浮いてしまっています。この授業を追試するのであれば，木原先生が最後に書かれたような「信頼をより強めるには」

や「友情をより深めるには」といったテーマを示しながら，「ひろ子が今後も正子との友情をより深めたいと思っているとしたら，どんなアドバイスをしますか」といった資料の場面の時間的枠組みを超えた人間関係の文脈的状況を設定するとよいでしょう。そうすることで，本来意図した状況適応追求型と集団の成長追求型の中間点に近づけられるのではないかと思います。

理想主義的傾向
（理想追求型）

テーマ発問
「本当の友情とは」

発問
① 「友情」と聞いてイメージすることは何ですか。
② 「仲が良い」とか「絆」ってどういう状況を指していますか。
③ 状況確認の発問（ひろ子が悩んでいることは何ですか）。
④ あなたがひろ子ならどうしますか。その理由は何ですか。
⑤ どの判断にも共通していることは何ですか。

判断の理由を問う発問 ④

木原先生の意図した方向

現実主義的傾向
（状況考慮型）

行為主義的傾向
（行為・スキル追求型）

人格主義的傾向
（生き方・習慣追求型）

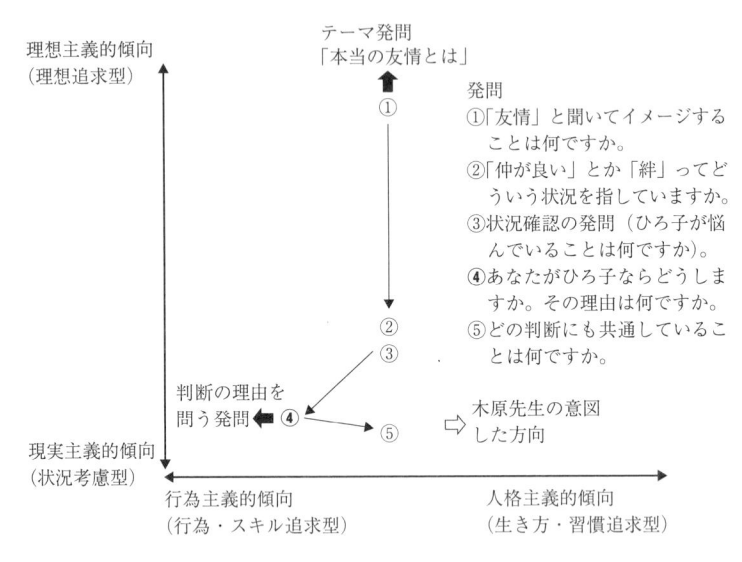

図13-1 「絵はがきと切手」の発問分析（状況適応追求型授業）

応用編

第14章
新たな授業づくりの方向性
―― ジグソー法を用いた
　　　コンピテンシー・ベースの道徳授業 ――

1．コンピテンシー・ベースの教材分析法

　道徳科に限らず各教科における授業づくりの方法については，主に各教科において身に付けるべき知識・技能の内容（コンテンツ）に即して授業を構想するコンテンツ・ベースの授業づくりと，主に現実の問題解決を成しうる汎用的な資質・能力（コンピテンシー）に即して授業を構想するコンピテンシー・ベースの授業づくりの2つの視点があります。

　ここでコンピテンシーとは，潜在的にはすべての人に備わっており，現実の社会生活において問題解決を成しうる思考，判断，行動の在り方を意識化・言語化したものです。2017（平成29）年に公示された学習指導要領では，生きる力を育むための資質・能力の3つの柱として，①知識及び技能が習得されるようにすること，②思考力，判断力，表現力等を育成すること，③学びに向かう力，人間性等を涵養することが示されています。コンテンツ・ベースの授業づくりが主に①から②，③に向かって授業を構想するのに対して，コンピテンシー・ベースの授業づくりは主に③から②，①に向かって授業を構想するということができるでしょう。

　道徳科におけるコンテンツ・ベースの授業づくりは，道徳科に固有の知識や技能である内容項目に示された道徳的価値内容に関する文化的リテラシー，すなわち，例えば「友情とは何か」「思いやりとは何か」などについて，社会の人々が暗黙のうちに抱いている一般的見解，および社会の多くの人々が「望ま

しい」「こうあるべき」と感じる行為や生き方が存在することについての知識を子どもたちに身に付けさせようとする視点から構想されます。そのため，コンテンツ・ベースの授業づくりには授業で扱う範囲を明確にしやすく，内容項目を網羅的に扱いやすいメリットがあります。

しかし，例えばルールは守るべきという知識に関して，ルールを厳格に守る場合と柔軟に解釈する場合の違いを考慮せず，一律にルールを守るよう指導してしまいがちなように，知識や技能を現実生活から切り離して学ばせがちです。そのため，コンテンツ・ベースの授業づくりでは内容項目を網羅的に扱うことは容易ですが，「どんな場合・状況に適応でき，どんな場合・状況では適用されないのか」といった生活経験とつながらず，生活の中での活用ができないといった課題があります。

これに対してコンピテンシー・ベースの授業づくりは，現実生活で直面する子どもたち自身にとって考える必然性のある切実な問いについて考えさせることを通じて，顕在化・拡充・洗練させられるコンピテンシーの視点から構想されます。例えば，ルールを守ることにしても，「現実にどのような行動を取ればルールを守ったことになるのか」「ルールを守りにくいのはどのような場面や状況の時で，そのときどうすれば守れるようになるのか」といった問いについて考えさせながら，ルールを守るために必要な視点・思考・行動を意識化，言語化させます。そのため，「どんな場合・状況に適応でき，どんな場合・状況では適用されないのか」といった生活経験と結び付いた形で学んだ内容が意識化され，生活での活用につながりやすいメリットがあります。

しかし，コンピテンシーが問題解決力や洞察力，思考・判断・表現力といった抽象度の高いレベルで設定された場合には，学習の焦点があいまいになりやすい点と，内容項目に関連付けながら子どもたち自身にとって考える必然性のある切実な問いを構想することが難しい点が課題です。

そこで学習の焦点を明確にするために，ねらいの8類型に示したそれぞれの授業スタイルにおいて顕在化・拡充・洗練させられる8つのコンピテンシーと，その教科・領域とのつながりを表14-1に示します。また，8つの類型を複合的に扱うことで顕在化・拡充・洗練させられる9つ目のコンピテンシーと

第14章 新たな授業づくりの方向性　157

表14-1　ねらいの8類型とコンピテンシー

ねらいの類型	授業の類型	典型的な発問例	コンピテンシー	他の教科・領域とのつながり
(1) 行為の理想追求型	心情理解の授業	○○をしたら、どんな気持ちになったでしょうか？	a. 一定の地域や集団において多くの人々が望ましいと感じる行為の範型を共感的に理解した上で、よりよい行為を探究する力。	行為の範型を習得し、それを基に自らの望ましい行為を探究する実技系教科との連携可能性
(2) 価値の理想追求型	価値主義的授業	本当の○○とは何ですか？	b. 異なる視点、考え方から学ぶことで、価値の範型を探究する力。	教科・領域に依存しない汎用スキル
(3) 生き方の理想追求型	偉人から学ぶ授業	その偉人は、なぜ○○したと思いますか？その偉人の生き方を支えたものは何でしょうか？	c. 一定の地域や集団において多くの人々が望ましいと感じる生き方の範型を共感的に理解した上で、よりよい生き方を探究する力。	生き方の範型を習得し、それを基に自らの生き方を探究する生活科、社会科、家庭科との連携可能性
(4) 人格の向上追求型	日本型人格教育	○○という習慣を身に付けたら（○○の行動を続けたら）○か月（○年）後にどんな生き方をしているでしょう？	d. よりよい習慣を身に付け、悪い習慣を早期に気付いて改善することで、よりよい生き方を実現する力。	教科・領域に依存しない汎用スキル
(5) 集団の成長追求型	当事者研究的授業	○○（よくないこと）をしてしまうのはどんなとき（状況）ですか？そのようなとき、どうすればよいでしょうか？	e. 自他の違いを受け止めながら、個人と集団の成長を両立させるために、主体的に貢献する力。	教科・領域に依存しない汎用スキル
(6) 状況適応追求型	モラル・アフォーダンス獲得の授業	○○をしたら、その後どうなるでしょうか？	f. 自他の行為の結果について、複数の観点から受け止めと程度の差異の可能性を重み付けて見積もることで、柔軟な見通しをもって対応する力。	行為や操作等の結果として起こりる複数の可能性を見通す必要のある理科、算数・数学科、社会科との連携可能性
(7) 行為判断力追求型	モラルジレンマ授業、問題解決型の道徳授業	○○をすると考えたのはなぜでしょうか？問題の最善の解決策は何でしょうか？なぜその解決策を選んだのでしょうか？	g. 問題状況において可能な行為とそのメリット、デメリットを考えることで、望ましい行為を判断する力。	行為の結果のメリット、デメリットに基づいて、よりよい行為を選び取る必要のある理科、社会科との連携可能性
(8) 行為スキル追求型	モラルスキル・トレーニング	（ロールプレイをしてみて）どんな気持ちになりましたか？	h. 理性と感情に配慮しながら、よりよい行為を選び取ろうとする力。	集団競技等で自分の行為が周囲の他者に及ぼす影響を理性と感情の両面から考えて行動する必要のある体育科との連携可能性

して,「i. 時間・空間に関して短期的・長期的視点や自己・周囲・社会・自然に対する視点から,複眼的に捉えようとする力」が考えられます。この力は教科・領域に依存しない汎用スキルです。

2．知識構成型ジグソー法を用いた授業づくり

以上9つのコンピテンシーを基に「主体的,対話的で深い学び」を実現する一方法として,知識構成型ジグソー法を用いた授業づくりの方法を示します。知識構成型ジグソー法は「生徒に課題を提示し,課題解決の手掛かりとなる知識を与えて,その部品を組み合わせることによって答えを作りあげるという活動を中心にした授業デザインの手法」（三宅なほみ他,『協調学習 授業デザインハンドブック—知識構成型ジグソー法を用いた授業づくり—』,東京大学CoREF,2015年,14頁）で,次の5つのステップからなります。

① 本時の課題の提示

　本時の課題（ジグソー課題）を提示して,現時点での考えを書かせます。考えるべき課題は何かを意識させ,それについて自分がどんなことを知っているか,知らないかを自覚させることが目的です。

② エキスパート活動

　ジグソー課題を考えるために必要な手掛かりを3つの部品に分けて,3つのグループにそれぞれ異なる部品を提示し,グループごとに話し合いながら部品について理解させます。自分が知っていること,知らないことを自覚させることで,各自がわからないことも含めて,自分が伝えられそうなことを持てるようにすることが目的です。

③ ジグソー活動

　それぞれ異なる3つの部品について考えた3名が集まって,ジグソー課題について答えを作り上げたり,見直したりさせます。話し合うことで考えがよくなることを体験させることが目的です。

④ クロストーク

　各ジグソー班で出した答えを教室全体で交流させます。各班の答えの差異

に注目しながら，より納得のいく表現を取り入れていくチャンスにさせることが目的です。

⑤　本時の課題に対する考えを書かせる

　課題に対して，自分で一番納得のいく表現で答えを出させます。ここで出した答えを授業の最初に書いた答えと比べさせることで，どこまでわかってきたか実感させ，「ここまでわかってきたからこそ知りたくなってきた」次の疑問を持たせることが目的です。

　道徳科に知識構成型ジグソー法を用いるメリットとして，全員が参加でき，互いに伝えたいこと・聞きたいことを自由に伝え・聞ける状況が方法として整備されること，そして，互いの視点や考え方の違いから学びが深まる体験ができることが挙げられます。

　ここでは『私たちの道徳　中学校』の「二通の手紙」を例にコンピテンシー・ベースの教材分析を行ってみます。まず「二通の手紙」を問題解決の視点から捉えます。この教材には，小学生以下の子どもは保護者同伴でなければ入園できない規則と，弟の誕生日なので子どもだけで入園させて欲しいという姉弟への共感との板挟みの問題を入園係の立場でどう解決するかという問題があります。そこで，「自分が元さんの立場なら，姉弟が入れて欲しいと言ってきた時，どうするか？」という課題をジグソー課題としました。そして，この問題解決に必要とされるコンピテンシーとして，「a. 一定の地域や集団において多くの人々が望ましいと感じる行為の範型を共感的に理解した上で，よりよい行為を探究する力」「f. 自他の行為の結果について複数の可能性を重み付けて見積もることで，柔軟な見通しをもって対応する力」「g. 問題状況において可能な行為とそのメリット，デメリットを考えることで，望ましい行為を判断する力」「h. 理性と感情に配慮しながら，よりよい行為を選び取ろうとする力」「i. 時間・空間に関して短期的・長期的視点や自己・周囲・社会・自然に対する視点から，複眼的に捉えようとする力」の5つが関連すると考えました。

　次に問題解決に関連する内容項目を複数挙げます。ここでは，姉弟への共感，規則の背後にある目的に対する意識，生命尊重，責任を挙げました。これらの道徳的価値を関連付けながら規則との付き合い方を考えさせるため，姉弟が入

園したいと言った場面で入園係が成熟した大人あるいは優秀な動物園職員なら当然考慮すると思われる①姉弟への共感，②規則の背後の目的としての生命尊重，③ベテラン入園係としての社会的責任の3観点から，5つのコンピテンシーを考慮しながら，次のようにエキスパート課題を構成しました。

① もしも姉弟が弟の誕生日に動物園に入園できなかったら，姉と弟はそれぞれどんな気持ちになったでしょうか？そして，この姉弟はその後，どんな人生を送ることになり，動物園は2人にとってどんな思い出として残るか，想像してみましょう。（f, h, i）

② 小学生以下の子どもは保護者同伴でなければ入園できないという規則は，なぜできたのでしょうか？ もしも姉弟が池で溺れてしまったとしたら，その後，元さんや動物園はどうなったと思いますか？（f, h, i）

③ 元さんはベテランの入園係でしたが，お客の立場から見てベテランの入園係はどんな人物であって欲しいですか？ また，動物園の園長から見てベテランの入園係はどんな人物であって欲しいですか？（a, h, i）

　各エキスパート課題の末尾の記号はそれぞれの課題に関連するコンピテンシーです。この授業のねらいは，「共感，きまりの目的の理解，生命尊重，責任を関連付けながら，きまりとよりよく付き合うための思考力を養う」としました。一般的なコンテンツ・ベースの問題解決的な道徳授業のねらいと比較すると，コンテンツ・ベースの授業では規則遵守と思いやりの対立に焦点を当てることが多いのに対して，コンピテンシー・ベースの授業では規則遵守と共感，生命尊重，責任とを必ずしも対立するものではなく，関連するものと捉えている点が特徴的です。

　コンピテンシー・ベースの道徳授業は，規則と思いやりが一見対立するような場面での成熟した大人の視点と思考を子どもたちにシミュレーション的に実践させることで，関連するコンピテンシーを顕在化・拡充・洗練させようとするものです。したがって，「結論としてどのような問題解決策を出すか」ということよりも，「それまでの過程でどのような視点からどのようなことを考えたか」ということを重視する点で，コンテンツ・ベースの問題解決的な道徳授業と異なっています。そして，知識構成型ジグソー法を用いたことで，授業の

ねらいにおける中心価値と他の価値との関連付けの幅が広がり，より多面的・多角的で，より現実的な思考を子どもたちに促すことができると考えられます。また，現実的な教材での道徳的な思考のシミュレーションを通して，道徳的価値についての知識を現実に展開する際の視点，考え方，表現の仕方などが身に付きます。類似の場面での視点，考え方，表現の仕方に応用できると子どもたちが受け止められる工夫ができれば，知識の活性化，すなわち学んだ内容の生活への応用とさらなる探究が起こりやすくなるでしょう。

3．「二通の手紙」を用いた授業実践例

　副読本に掲載された文章と『私たちの道徳』に掲載された文章は終末部分が違っており，本実践では『私たちの道徳』を教材としました。道徳授業も残り2回という，卒業を目前にした中学校3年生での実践です。
　実践の大要は次のとおりです。
1)「二通の手紙」を範読する（5分）
　範読は，教師が行います。生徒が教師の読みに引きずられないよう，できるだけ感情を込めず，淡々と読みました。
2) 本時はジグソー法で進めることを話し，生活班の中でだれがA～Fのエキスパート班に行くか，生徒同士話し合って決める（5分）
　生活班 → エキスパート班 → 生活班と席を移動しての学習活動になるので，生徒が混乱しないよう，カードを各班に配布して班の中のだれがどのエキスパート班に行くのか確認し，エキスパート班ごとに着席します。3つのエキスパート課題を「AとDチーム」「BとEチーム」「CとFチーム」という2つずつの班で1つずつ，それぞれ話し合うようにしました。
3) ワークシートを配布し「自分が元さんの立場なら，姉弟が入れてほしいと言ってきたときどうするか」，自分の考えをワークシートに記入する（10分）
　自分の考えをワークシートに記入した生徒から，班にとらわれず自分が意見を聞いてみたい友達のところへ行って意見を交換しました。
　自分が元さんの立場だとして取る行動は，次のような結果でした。

・動物園に入れる…22人　　・動物園に入れない…9人

　この活動の段階で,「子どもたちと一緒に入園する」といった第3の案を考える生徒が多かったようです。「今の時代は共働きが多いのだから,子どもだけでも入園できるような,安全な施設を最初から造るべきだ」と主張していたのは,幼児教育に携わる夢を持つXさんでした。

　4）エキスパート班ごとに,エキスパート課題について話し合い,その結果を全体で交流する（15分）

【A／D班】
・姉のお小遣いが無駄になってしまうし,弟は悲しい思いをして,ずっと入りたかった動物園も,嫌な思い出として残る。
・動物園はまじめな仕事場なんだなと思うだろう。

【B／E班】
・規則は人を守り,安全のためにつくられている。
・子どもの安全や事故防止のための規則であって,子どもはまだ善悪の判断がつかない。親が必要な段階だ。

【C／F班】
・動物園の職員には,善悪の判断がしっかりできて,規則に忠実であって,

エキスパート課題【A／D】
もしも姉弟が、弟の誕生日に動物園に入園できなかったら…
・姉と弟はそれぞれどんな気持ちになっただろうか？
・この姉弟はその後、どんな人生を送ることになる？
・動物園は2人にとって、どんな思い出として残る？

エキスパート課題【B／E】
・小学生以下の子どもは保護者同伴でなければ入園できないという規則はなぜできたのだろう？
・もし姉弟が池におぼれてしまったとしたら、その後、元さんや動物園はどうなったと思う？

エキスパート課題【C／F】
元さんはベテランの入園係でしたが…
・お客の立場から見て、ベテランの入園係はどんな人物であって欲しい？
・動物園の園長の立場から見て、ベテランの入園係はどんな人物であって欲しい？

図14-1　ワークシート　エキスパート班A/Dの例

ルールの守れる人であってほしい。
・お客様を第一に考え、話しやすいけれど規則を守ることに関しては固い人であってもらいたい。

図14-1はワークシートの実際です。自分が担当するエキスパート課題にのみ、記入欄が設けてあります。同時に、他の班がどんな課題について話し合っているのか、わかるようにしました。

5) 元の生活班の座席に戻り、「自分が元さんの立場なら、姉弟が入れて欲しいと言ってきたとき、どうするか」という課題に対して、最初と考えが変わった点、考えが深まった点を特に話し合い、ワークシートに記入する（10分）

自分が元さんなら「入園させる」と判断した生徒が22人から17人に減少し、入園させないと判断した生徒は9人から14人に増加しました。当初「入園させる」と考えていたが「入園させない」と考えを変えた生徒は、その理由として以下のような点を指摘していました。

・ルールは人のためにあるから守るべき。
・子どもの安全を守るために入れない。
・万が一、がある。入れたら「もしかしたら」があるかもしれない。

「入れる」と判断した生徒の多くは、臨機応変にルールは改変してよいとしながらも「誘導係を付けるなら」「自分が一緒に入る」といった留保条件を付けていた生徒がほとんどでした。

6) 今日の授業から学んだこと、真似したいこと、自分にできること、自分がやってみたいことなどをワークシートに記入する（5分）

《よりよい社会を作る必要性を指摘した意見》

・世間や親からしたら入れることはよいことではない。ダメな職員と評価するけど「子どもだけで行く」という選択肢を与えているのは、世間や親に問題があるからではないか。
・規則は守るべき最低限のことだけど、例外はあると思う。それが正しいかどうかを判断するのは自分であって、規則をむやみに破れば、今頃日本は無法地帯になっていると思う。まず、親が子どもを置いて就職をしなければいけない環境を作る今の日本政府の政策が厳しいと思う。

《登場人物に共感しながらも，第3の案を模索する意見》
　・規則は「安全を守ること」と「楽しむため」にあるのだと思うから，悲しい思いをさせちゃったら意味がない。悲しい思いをする人が絶対出ない，みんな楽しめる動物園にしたいから，もっといい案を見つけるべき。

《きまりの目的の理解に関する意見》
　・子どもだろうと女だろうと男だろうと，規則は平等であるべき。
　・規則というものが身の回りにたくさんある意味を，また再確認できた。
　・最初は姉弟のことを動物園に入れる考えだったけど，友達の意見を聞いたら入れないほうがいいのかもと思うようになった。ルールはルールで，何かを守るためにあるので，これからも守れるようにしたい。
　・優しさからきまりを破ることもあるかもしれないけど，決まりは人のためにあるのだから，守らないといけないと思う。姉弟は喜んでいたけれど，一歩間違えれば大ケガをしていたかもしれないから，「今回は本当にラッキーだっただけだ」と思うべき。ひどいように見えるけど，姉弟のためでもあると思う。

　ジグソー法による「二通の手紙」の授業実践を通して，次のようなメリットを実感しました。
　・限られた時間の中で複数の視点から思考することが可能である。
　・エキスパート活動，ジグソー活動を通して，異なるメンバーによる議論が可能になり，生徒は多面的・多角的に他者理解しながら，自身の思考を展開することが可能である。
　・本時でねらった「きまりの目的の理解」「生命尊重」「責任」といった道徳的価値を，より関連付けて生徒が考えることができる。

　メリットを痛感する一方で，教材ごとにエキスパート課題を開発することの難しさも実感しました。すべての内容項目に迫るためにふさわしいエキスパート課題を，現場の一教員が開発することは非常に困難なことです。しかしながら，ジグソー法による道徳授業には，この困難さを上回る魅力とメリットがあるのも事実です。研究者と協力しながら発問の開発にあたり，ジグソー法による道徳授業の研究と実践の往還を続けていきたいと考えています。

第15章
校内研究会による授業力の向上

　我が国の学校教育が長年積み重ねてきた取り組みの中で，教員の授業力の向上に多大な貢献を果たしてきたのが校内研究会です。座学による授業力の向上を目指すのではなく，授業を実際に行います。その後，提供された授業を手掛かりにして議論を交わします。その結果，授業者はもちろん参観者も授業力が向上していきます。

　多忙と言われる学校現場において，今も多くの学校で実践されています。このことからも校内研究会の効果の高さがうかがえます。最近では，教員の力量形成の面から諸外国からも大いに注目され，導入する国が増えています。

　本章では，校内研究会による教員の授業力の向上について，まずは「みる側」である参観者と「する側」の授業者に分け，それぞれの立場からその効果について述べます。次に，本書の中心的読者であるこれから教職に就く方や若手教員のみなさんが主体的学習者になり，授業力を向上させていくための校内研究会の在り方について論じます。

1．参観者としての授業力の向上

　指導方法やその基盤となる教育観について，同僚に話を聞くことは日常的に可能です。しかし，若手教員は授業をする経験が少ないために，同僚の話から具体的なイメージを抱くことが困難な場合が多いものです。そのため，授業を参観することはとても貴重な機会です。特に，ミドルリーダーやベテランなど

熟達者の姿は，若手教員にとっては実践へのよいモデルとなります。
　しかし，授業者に着目するだけでは本当の授業力の向上にはつながりません。授業は教員だけが行っているのではないからです。教員と児童生徒の双方の相互作用で創り上げるものであることを忘れてはならないでしょう。そこで，参観する際には，誰に自分を置き換えて参観するのかという視点を明確にして校内研究会に臨むことを，授業力の向上のための必要な要素としてまずは提案します。つまり，道徳授業において基本となる登場人物への自我関与を，校内研究会において実践するわけです。

（1）授業者への自我関与
　1）当日までもアクティブに
　授業者に自我関与するためには，参観までに「自分だったらこんな授業をする」と自分なりの授業プランをもつことが不可欠です。校内研究会では一週間前ぐらいに予め授業に使用する教材や指導案が配布されます。展開部を読み，「こんな授業をするんだ」と考える方が多いのではないでしょうか。
　しかしこれではもったいないと考えます。当日，授業を受身的に参観するだけに陥りがちだからです。展開部の記述ではなく，目標観や児童生徒観，教材観や指導観を読みましょう。その上で，児童生徒観から得た授業学級のイメージを基に教材分析し，「自分ならこうする」と授業を構想しておきたいものです。そうすれば，校内研究会の当日，自分なりの授業案を持っているあなたは，アクティブに参観できるはずです。
　2）授業の記録の取り方
　研究授業では，参観者は必ずと言ってよいほどメモを取っています。教材にメモを取る人もいれば，指導案の本時の展開に書く人もいます。配布された座席表に書き込んでいる人も見受けられます。詳細に授業の記録を取る人もいるでしょう。これらの違いは一体どこから生まれるのでしょうか。
　それは，参観者の着目するものの違いと言えます。授業者が教材を基にどのように発問し，それに対し児童生徒がどう反応したか，授業者が想定した授業展開が有効に機能しているか，児童生徒が授業を通してどう変容したか，目の

前で行われていることを詳細に記録し，授業者と児童生徒との間にどのような相互作用が生じたのかなど，参観者が授業を見る上での力点が現れていると言えます。

では，あなたはどのようにメモを取ればよいのでしょうか。

3）授業者の目線や動き，切り返しへの着目

前述の観点はそれぞれが魅力的です。しかし，同僚にお任せしましょう。当日までに教材や指導案を読み，自分なりの授業構想を持っているあなたは，自分との違いを記録するのです。その際，次の3点を手掛かりとしましょう。

① 目線

私たちは授業中，絶えず教室の至る所に目を配っています。例えば，発問する時，あなたはどこを向いていますか。児童生徒が議論している時はどうですか。私たちには必ず癖があります。では，今回の授業者の目線はどこに向かっているでしょうか。そして，何を見つけ，その時，何をしましたか。目線の先に授業者の指導上の意図が必ず存在しています。それを探し出すのです。そして，「自分との違いはないだろうか」と考えるのです。そこに必ず授業力の向上への鍵が待っています。

そのために，授業者の目線に注目して，詳細に記録しておきましょう。

② 動き

あなたは授業中どこにいるでしょうか。教室は広いにもかかわらず，教員の移動範囲が狭いことは多いです。筆者は道徳の授業力の高さと授業者の動きの量は相関すると考えています。そこで，自身の授業力の向上のために授業者の動きに着目するのです。授業者が黒板の前から動いた時にどこに行き，そして，何をしたのか，詳細に記録しておきましょう。

協議会では，メモしておいたものを基に，その意図を質問しましょう。

③ 切り返し

道徳の授業力を向上させる鍵として発問があります。そのため，熟達者の指導案を参考に授業実践しようとする人が多いです。しかし，指導案上に表れている発問は，児童生徒にとっては考え，議論するための始まりであって，終わりではありません。授業者の発問を受け児童生徒が発言したことを基に

切り返しを行い，本時のねらいへと迫る必要があります。

そのため，指導案に書かれている発問を読み，それを追試するだけでは指導力の向上にはつながりません。授業者の発問の結果，児童生徒から出た発言に対し，授業者はどのような切り返しをしたのでしょうか。それはどのような発言に対するものでしたか。その結果，授業はこの後どのように展開していったのでしょうか。詳細に記録しておき，後の協議会で授業者にその意図を質問してみましょう。

4）協議会での質問

研究授業が終わり，協議会が始まろうとしています。あなたの手元には授業中の授業者の目線や動き，切り返しなどの記録があります。その一つひとつについて，あなたは詳細に答えてもらいたいと考えているでしょう。

しかし，ここで注意したいのは，他の参観者も質問したいと思っているということです。中には教材観や指導観の違いから授業者に意見したい方もいます。そんな中で若手教員のあなたはどのように質問すればよいでしょうか。

① 自分が一番明らかにしたい疑問を明確にする

授業者に質問したいことがびっしりとメモされていても，協議会の限られた時間の中でそのすべてに答えてもらうことは不可能です。普段の授業の中で課題と感じていることに最も関わるものから順番を決めましょう。

これは，質問する際に，明らかにしたい疑問について明確に話すことにつながります。すると，授業者もその意図を掴みやすく，質問に明快に答えてくれます。また，明確に質問することは，授業者だけでなく他の教員にもその意図が掴みやすくなります。校内研究会の終了後，質問内容についてアドバイスに来てくれる同僚がいるはずです。

② 同僚の質問を活用する

協議会には自分よりも教職経験豊富な方が集まっています。自分の現任校とはいえ，若手教員が自分から質問するのはなかなか難しいかもしれません。しかし，躊躇していると他の方が質問するばかりで協議が終わってしまいます。では，どうすればよいのでしょうか。児童生徒と同じで，他の方の質問を活用しましょう。

具体的には,「○○先生と同じで」や「今の質問に似ているのですが」というように,同僚の質問に付け足す形で自身の疑問を投げかけるのです。

この方法の利点は次の2つです。

まずは,授業者にとっても他の参観者にとっても,あなたは同じことを聞きたいだけであり,質問の主体は先に質問された同僚の方であるという点です。このため,若いのに生意気などと思われる心配は皆無と言えます。

次に,日常的な相談につながるという点です。あなたが質問する際に名前を挙げた方は,「この若手は自分と同じことに注目していたのだな」とあなたに関心をもつはずです。協議会が終わった後に,この質問を話題に話しかけてくれるでしょう。校内研究会は回数も時間も限られています。道徳授業について日常的に相談できることは大変心強いことです。

③ 解決しなかった疑問は後で質問する

上述の①,②を活用することで,質問したいことのいくつかは聞くことができたのではないでしょうか。しかし,あなたのメモには解決したい疑問がまだ残されているはずです。さて,どうすればよいのでしょうか。

ここで問題となるのは協議の時間は限られているということです。また,質問したいのはあなただけではありません。協議の時間を延長して,他の方を差し置いて質問することも可能でしょう。しかし,チャイムが鳴った後の授業と同じで,延長することは避けましょう。予定時間を過ぎてしまうと大人でも集中が切れてしまいますし,校内研究会の後に予定が入っている方もいるでしょう。やはり時間は守りたいものです。

校内研究会が終わっても,校内研究会という全体で学ぶ機会が終わっただけです。会場に残り授業者に質問してもよいですし,場所を変えてもよいでしょう。職員室に戻りほっとしている授業者に飲み物を用意し,ねぎらいの言葉をかけながら質問すれば,喜んで答えてくれるでしょう。このような営みが日常的に相談できる関係へとつながっていくのです。

(2) 学習者への自我関与

1) 発言者への自我関与

　授業中，児童生徒は発問に対して自分の考えを発言します。それを受けて授業者は切り返しをしたり，他の子に発言に対する考えを尋ねたりします。発言を板書することもあります。そうやって道徳授業は展開していきます。しかし，児童生徒の発言の意図と授業者が受け取ったものの間に離齬が生じている状態が散見されます。授業者の解釈に違和感を覚えながらも，発言者がそれに合わせていることが表情から読み取れることさえあります。

　授業者は授業の構想を持っていて，それを基に授業を展開しています。このため，児童生徒の発言を自身の都合のよいように解釈しがちです。このことは参観者からはよくわかるのですが，授業者として授業を行っている際にはなかなか気付くことができない問題です。

　だからこそ，授業を参観する際に，発言者に自我関与するのです。例えば，「この発言はどういう意図があるのか」や「自分だったらこう発言するのに，どうしてこの子はこう発言したのだろう」といったように，発言者に自分を重ねたり自分と対比したりしながら，発言者の意図を解釈してみましょう。

2) 発言していない子への自我関与

　多くの教員がとらわれている幻想に，「活発に児童生徒が手を挙げて発言する授業はよい」というものがあります。「主体的・対話的で深い学び」という点からも間違いではないように感じます。しかし，考えてみてください。深く考えている時，あなたは問われてすぐに答えることができるでしょうか。

　問いと本当に向き合っている時，人間はじっくりと考えます。沈黙することは自然なことなのです。そんな児童生徒に発言させることができれば，授業力は向上します。発言していない子に自我関与しながら観察してみましょう。

① 目線や表情

　発言はしていないし手も挙げてはいない，だが，授業者の発問を受けてじっくりと考えている——そんな時，あなたならどこを見ているでしょう。そして，どんな表情をしているでしょうか。これらを頭に置き，児童生徒を見てみましょう。その目線や表情からその子の状態が見て取れるはずです。

例えば，深く考えている最中であれば，表情に悩みが現れ，目線は一定の方向を向いてはいないのではないでしょうか。また，深く考え，自分なりに納得できる考えを持つに至った子は，自信に満ちた表情で，その目線は真っすぐに授業者に向いているのではないでしょうか。

② つぶやき

目線や表情と同様に，児童生徒のつぶやきは授業をよりよいものにするための大切な要素です。授業力の向上のためにつぶやきに注目しましょう。

児童生徒のつぶやきは内容で以下の2つに分類できます。

・授業者の発問や発言に対する反発や不満

私たちは授業構成や発問を吟味して授業に臨んでいます。しかし，すべてが児童生徒に合ったものになっているかは実際に授業をしてみないとわかりません。「どういうこと？」や「そうじゃないんだけどな」などのつぶやきは，私たちの発問や発言が児童生徒にどのように受け取られているのかを教えてくれていると言えるでしょう。

・深く考えている過程の無意識な言語化

深く考えるということは自己内対話をしているということです。その対話がつぶやきという形で外言語化されているのです。そのため，つぶやきの中にある言葉を取り上げることは，その子にとっては自己内対話を促進することになります。また，他の児童生徒については，他者との対話を促すことにつながり，授業を活性化することができます。

2．授業者としての授業力の向上

研究授業を行うことのメリットは自分の授業を参観者から多面的に分析してもらうことができることです。そして，アドバイスを基に授業改善していくことで，多角的な授業観が自分のものになっていきます。そうして授業力が向上していくのです。そのために，校内研究会の授業者となった際には，問題解決的なアプローチで取り組んでみたいものです。

(1) 問いを立てる

　若手であろうがベテランであろうが，日々児童生徒と向き合い，授業をしていることには変わりはありません。そして，児童生徒の道徳性を育むためにどうすればよいのだろうかという道徳授業に関する問いを持っていることでしょう。その具体として，教材分析や発問，授業展開など，道徳授業を構成する要素について様々な思いがあるのではないでしょうか。

　これらの中で，自分が今一番知りたい，アドバイスをいただきたいと考えているものは何ですか。まずはそれを明確にしてみましょう。

(2) 問いに対する自分なりの答えを研究授業で表現する

　前項「(1) 問いを立てる」において明確にした疑問について，自分なりにその答えを持っているでしょうか。確固としたものでなくても構いません。「こういう方法はどうだろうか」といった程度のものでも十分です。自分が持つ問いに対する解決方法としてあなたが今考えているものを指導案に反映しましょう。そして，研究授業でその具体を同僚の方々に見ていただきます。

　では，指導案にどう反映すれば，参観してくださる同僚の方々に伝わるのでしょうか。その例として筆者がお薦めしたいのは，「本時の展開」の項の後に「本授業の主張点」という項を起こし，そこに自分なりの問いとその解決方法を明記する方法です。項の名前は「参観の視点」などでも構いません。大切なのは，あなたが参観者に尋ねたいことが伝わることです。

　筆者はこれまで多くの授業を参観してきました。中には，授業者の主張が感じられない授業や，他人の授業案を追試することが目的になってしまっている授業も散見します。若手教員が授業力を向上させるために熟達者の授業を真似ることは決して悪い事ではありません。しかし，ただ追試するのではなく自分なりの疑問やこだわりを持ち，臨んでもらいたいと考えています。

(3) 協議会で問いを主張する

　指導案にも明記し，授業でも表現することができました。いよいよ協議会です。どんなアドバイスをいただけるのか，今，期待と不安でいっぱいでしょう。

しかし，ここでも問いを主張することを忘れてはいけません。あなたは若手，同僚は道徳授業についてはもちろん，老婆心で教員としての細かなことまであなたに教えてあげたいと考えているでしょう。「いろいろと教えてください」と言ってしまっては，本当に聞きたいことが聞けなくなります。

　あなたが同僚にお願いするのは，「本授業の主張点に書いてありますように，私は○○に悩みを持っています。そこで，今回このような方法を取り入れてみました。このことの有効性や課題についてアドバイスいただけるとうれしいです」と，本授業の主張点の項に明記したこと一点です。あなたが心配しなくても，他のことについても様々なご意見をいただけることでしょう。

3．校内研究会を「主体的・対話的で深い学び」の場にするために

　これまで，授業力の向上のために校内研究会への関わりについて，参観者と授業者に分けて論じてきました。参観者について多くの誌面を割いたのは，若手教員は授業者より参観者になる機会の方が多いと考えたからです。近年の大量採用の状況では，積極的に手を挙げないと授業者になる機会になかなか恵まれないでしょう。本項では，校内研究会を「主体的・対話的で深い学び」の場にするために心がけたいことについて述べます。

（1）自分なりの考えを常に持つ　―主体的な学び―

　これまで，参観者と授業者それぞれの視点からの校内研究会への関わりについて論じました。これだけでも十分主体的ですが，さらに工夫しましょう。それは，他の参観者の質問に対し授業者が答えるのをただ待つのではなく，「自分だったらどう答える」と考えながら待つのです。そして，授業者の返答と自身のそれとを比較し，その違いの原因を分析するのです。

（2）日常的に相談できる相手を見つける　―対話的な学び―

　校内研究会の協議会では，多くの方が発言しますが，内容は千差万別と言えます。授業者を労う程度の発言をする方もいれば，持論と違う方を攻撃するこ

とに終始する発言をする方もいます。多くの発言の中から批判的思考を働かせ、建設的な意見を述べている方を見つけましょう。

　批判的思考とは証拠に基づく論理的で偏りのない思考であり、問題解決のための目標志向的な営みと言えます。そのような考え方ができる方なら、道徳授業はもちろん、教員としてすべての面にわたり相談できるでしょう。

(3) 学んだことを次の授業で試し、検討する　—深い学び—

　校内研究会が終わり、あなたのノートにはメモがびっしりと書かれていることでしょう。しかし、ここからが本当の学びの機会です。次の授業ですぐに試してみましょう。しかし、ただ実行すればよいのではありません。検討するために試すのです。授業で試すことで、自分が本当に理解できていたのかがわかります。また、自分に合っているかが明らかになります。

　わかったつもりで終わるか、自分の力にできるかはあなた次第です。

おわりに

　最後までお読みいただき，ありがとうございます。本書のメインテーマは，今後求められる道徳科の学習の姿を，理論と実践を通して明らかにし，読者のみなさんとイメージを共有することにあります。一方で，授業構想や指導案作成等に活用できるマニュアルとしての機能も持たせています。必要に応じて，本書を道徳科の実践のために活用していただければ幸いです。
　本書は，初めて道徳授業を実践する上で，踏まえておきたい内容に絞って提案しています。様々な実践手法や指導技術について詳しく解説しているわけではありません。それは，筆者がこれまで歩んできた教員としての経験から得た思いによるものです。
　筆者が道徳の実践研究を始めて，すでに四半世紀が過ぎました。効果的と言われる実践手法にはすべてチャレンジしました。どれも一定の成果がありましたが，同時に，「何かが違う」という感覚も抱き続けてきました。その違和感が，「道徳教育の根幹を見つめることなしに，手法に走る」という筆者自身の実践に向かう姿勢に起因していたと気付いたのが，10年ほど前です。
　それからは，巷で高く評価されている教材や授業名人の実践にどんな意義があるのかを問いつつ，自らの実践の在り方を根本から見直しました。すると，これまでよいと思っていた授業構想や指導技術が，「教師がうまく授業を流すための仕組み」になってしまっていることが見えてきたのです。実践手法そのものを否定するものではありません。しかし，旧来の方法の意義を検証することなく，追従してよしとする姿勢には警鐘を鳴らしたいと考えるようになりました。
　2012（平成24）年，日本道徳教育学会秋季大会で授業を公開しました。道徳の時間の学習を再構築する意気込みで臨んだ公開学習が巻き起こしたのは，批判の嵐でした。「気持ちを問わなければ道徳ではない」「複数の価値を含む授業は道徳ではない」など，その反応は散々なものでした。まさに完全否定でした。

そのなかにあって，タブレットで熱心に授業を記録していた方がおられました。それが，共著者である吉田誠先生でした。以来，筆者の実践への的確なご批正や，実践理論構築のための多くのご示唆をいただき，今に至ります。

本書が提示している実践理論もまた，いずれは乗り越えられ，更新されるべきものだと思っています。ただそれが根拠のない批判ではなく，本書の実践理論を徹底的に検証した上でのものであることを願ってやみません。

最後に，本書の出版にご尽力いただいた大学教育出版の佐藤守さん，中島美代子さん，吉田先生をはじめとする共著者のみなさんに，心よりお礼を申し上げます。

　　　　　　　　　　　　　　　　　　　　　　　　　　　　木原　一彰

執筆者紹介

[共編著者]

吉田　　誠　（山形大学教授・日本道徳教育学会評議員・日本倫理道徳教育学会理事）
　　　　　　第1章～第3章・第7章・第8章1, 2・第9章・第10章4・第12章
　　　　　　4・第13章4・第14章1, 2を執筆

木原　一彰　（鳥取市立世紀小学校教諭・鳥取県公立学校エキスパート教員（道徳科））
　　　　　　第4章～第6章・第8章3・第11章4・第13章1～3を執筆

[執筆者]

武田　裕一　（遊佐町立蕨岡小学校教頭）第10章1～3を執筆

中川　裕幸　（上山市立上山小学校）第11章1～3を執筆

星　美由紀　（郡山市立郡山第五中学校）第12章1～3・第14章3を執筆

谷口　雄一　（摂南大学教職支援センター特任講師）第15章を執筆

編著者略歴

吉田　　誠（よしだ　まこと）
　山形大学学術研究院 教授 地域教育文化学部担当
　1965年3月　　大阪府堺市生まれ
　2002年3月　　筑波大学大学院博士課程教育学研究科単位取得満期退学
　2006年10月　　尚絅大学文化言語学部 講師
　2012年4月　　山形大学地域教育文化学部 准教授
　2015年4月　　山形大学地域教育文化学部 教授

　主な著書・論文
　吉田誠『基礎からわかる道徳教育　子どもたちが未来に希望の持てる道徳教育を行うために』（NSK出版，2012年）
　吉田誠「モラル・アフォーダンスの観点から見た道徳教育－生態学的道徳教育学の可能性－」『道徳と教育』No.332（日本道徳教育学会，2014年3月）
　吉田誠・逸見裕輔「資質・能力を意識したカリキュラム・マネジメントに基づく道徳科の評価―コンピテンシー・モデルを用いた複数授業構成とエピソード評価―」『倫理道徳教育研究』創刊号（日本倫理道徳教育学会，2017年12月）

木原　一彰（きはら　かずあき）
　鳥取県公立小学校 教諭，鳥取県公立学校エキスパート教員（道徳科）
　1970年3月　　鳥取県鳥取市生まれ
　1992年3月　　鳥取大学教育学部卒業，4月より公立学校教諭として採用
　2002年3月　　鳥取大学大学院教育学研究科修了
　2006年4月～2015年3月まで，鳥取大学附属小学校に勤務
　2012年2月　　一般財団法人総合初等教育研究所主催「道徳と特別活動の教育研究賞」において，文部科学大臣奨励賞・最優秀賞を受賞
　2017年4月　　鳥取県公立学校エキスパート教員（道徳）に認定

　主な著書・論文
　木原一彰「先人の生き方に学ぶ道徳の時間の創造―エピソードファイルを活用した授業実践―」『道徳と特別活動』（文溪堂，2013年6月）
　木原一彰「複数関連価値統合型の道徳の時間の可能性―学習指導過程の固定化を克服するために―」『道徳と教育』No.333（日本道徳教育学会，2015年3月）
　『小学校新学習指導要領の展開―特別の教科　道徳編―』（明治図書，2016年2月），『「考え，議論する」道徳の指導法と評価』（教育出版，2017年3月）など分担執筆多数。

道徳科 初めての授業づくり
――ねらいの8類型による分析と探究――

2018年4月30日　初版第1刷発行
2021年4月10日　初版第2刷発行
2025年9月25日　初版第3刷発行

■編 著 者── 吉田　誠・木原一彰
■発 行 者── 佐藤　守
■発 行 所── 株式会社 大学教育出版
　　　　　　〒700-0953　岡山市南区西市855-4
　　　　　　電話(086)244-1268(代)　FAX(086)246-0294
■Ｄ Ｔ Ｐ── 難波田見子
■印刷製本── モリモト印刷(株)

Ⓒ Makoto Yoshida, Kazuaki Kihara 2018, Printed in Japan
検印省略　落丁・乱丁本はお取り替えいたします。
本書のコピー・スキャン・デジタル化等の無断複製は著作権法上での例外を除き
禁じられています。本書を代行業者等の第三者に依頼してスキャンやデジタル化
することは、たとえ個人や家庭内での利用でも著作権法違反です。

ISBN978-4-86429-506-2